湛庐CHEERS

与最聪明的人共同进化

HERE COMES EVERYBODY

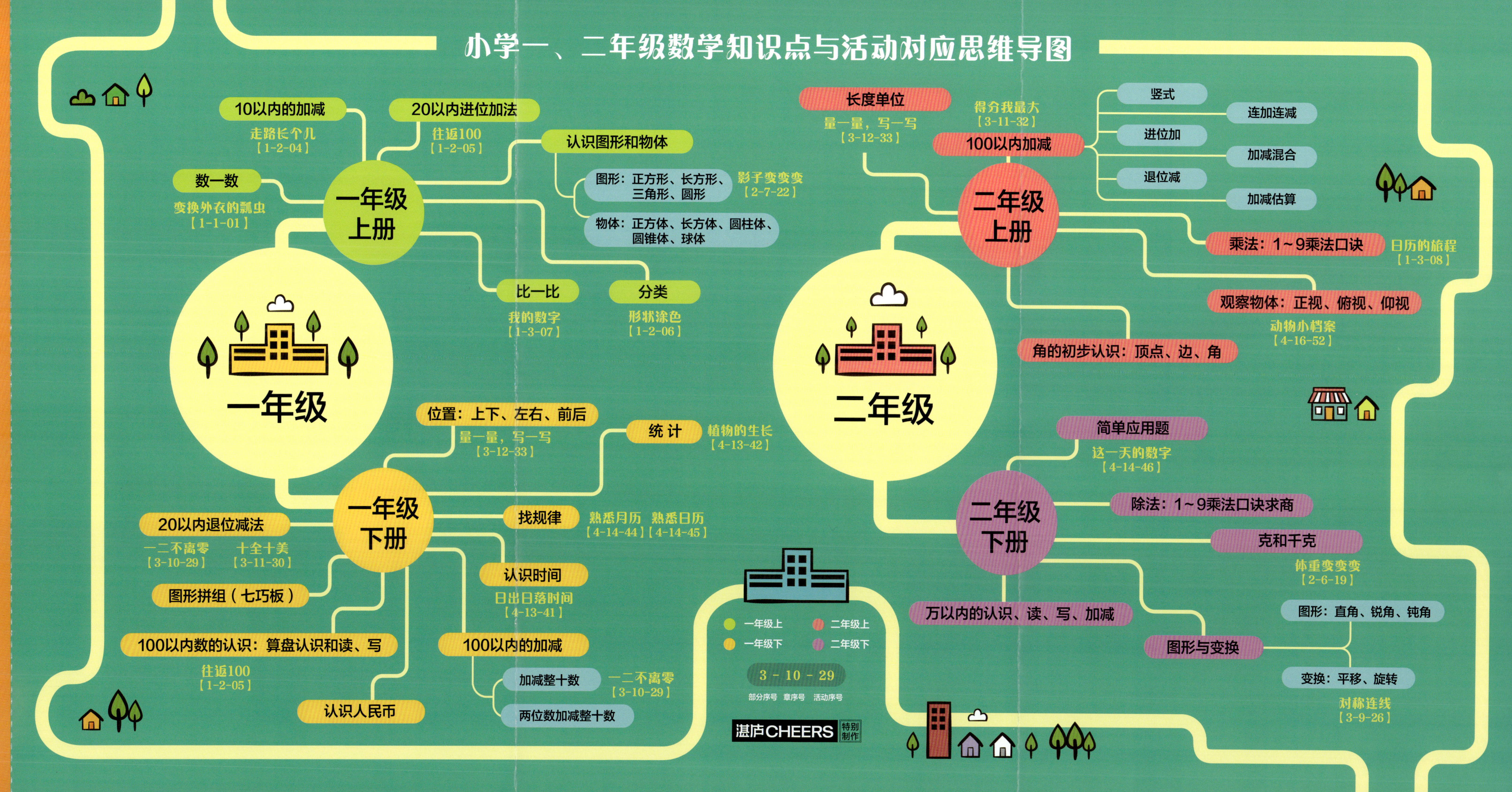

小学一、二年级数学知识点与活动对应思维导图
一年级
一年级上册
10以内的加减
走路长个儿
【1-2-04】
20以内进位加法
往返100
【1-2-05】
认识图形和物体
图形：正方形、长方形、三角形、圆形
影子变变变
【2-7-22】
物体：正方体、长方体、圆柱体、圆锥体、球体
数一数
变换外衣的瓢虫
【1-1-01】
比一比
我的数字
【1-3-07】
分类
形状涂色
【1-2-06】
一年级下册
位置：上下、左右、前后
量一量，写一写
【3-12-33】
统 计
植物的生长
【4-13-42】
找规律
熟悉月历 熟悉日历
【4-14-44】【4-14-45】
20以内退位减法
一二不离零
【3-10-29】
十全十美
【3-11-30】
图形拼组（七巧板）
认识时间
日出日落时间
【4-13-41】
100以内数的认识：算盘认识和读、写
往返100
【1-2-05】
100以内的加减
加减整十数
一二不离零
【3-10-29】
两位数加减整十数
认识人民币
二年级
二年级上册
长度单位
量一量，写一写
【3-12-33】
得分我最大
【3-11-32】
100以内加减
竖式
连加连减
进位加
加减混合
退位减
加减估算
乘法：1～9乘法口诀
日历的旅程
【1-3-08】
观察物体：正视、俯视、仰视
动物小档案
【4-16-52】
角的初步认识：顶点、边、角
二年级下册
简单应用题
这一天的数字
【4-14-46】
除法：1～9乘法口诀求商
克和千克
体重变变变
【2-6-19】
万以内的认识、读、写、加减
图形与变换
图形：直角、锐角、钝角
变换：平移、旋转
对称连线
【3-9-26】
一年级上
二年级上
一年级下
二年级下
3 - 10 - 29
部分序号 章序号 活动序号
湛庐CHEERS 特别制作

CHEERS
湛庐

好妈妈这样教数学

Math Taught By MuM

孙路弘——著

浙江教育出版社·杭州

总序

三本书，让孩子登上智力发展的阶梯

到目前为止，“孙路弘儿童智力发展系列”已经出版了三本书，现在呈现在你眼前的这本《好妈妈这样教数学》，就是这个系列的第三本书。如果你读过这个系列之前出版的两本书，那么就能记起，《妈妈教的数学》是一本日记延续体的图书，以我自己童年阶段的日记为记忆索引展开内容。那本书回忆了我童年阶段学习数学的一些点滴，尤其是在家里与妈妈互动的情形。书中很多内容都是家里的琐碎小事，是一些现实、平常的事情，每个家庭都会有类似的事情发生，比如帮助妈妈做家务、协助妈妈完成一些任务等，这些活动中，都有数学的痕迹。

《爸爸教的数学》是继《妈妈教的数学》之后出版的一本内容类似的书，书中内容仍以日记为记忆索引，比如我与爸爸玩游戏的经过、下棋的经过等，由此扩展出在我成长和学习数学的过程中，爸爸起到的作用。

《妈妈教的数学》与《爸爸教的数学》这两本书都有一个共同的主题，那就是数学在现实生活中的样子，以及一个孩子在从小到大的成长中，数学进入大脑的过程及其表现出来的样子。我尤其想表达的是，在我家中，父母的具体做法让我不再觉得数学是公式，也不觉得数学是一门多么“高大上”的学问。在我的脑海中，数学就是称重、测量、数数这样简单的活动。大量类似的活动促使我的大脑自己去加工，并形成对数学的认识。在我看来，数学就是现实生活的一部分，是一项自然而然要掌握的生存技能。

正是因为这样，我的数学能力不是表现在考试能获得高分上，而是表现在对数学的热爱上，表现在数学竞赛中的解题能力上。我不仅能想出多种多样的解题方式，而且能够解出难度较高的题目。这些源自家庭的影响，一直延续到我的职业选择——当一名数学老师。

结合我在北京师范大学数学系学到的儿童发展心理学知识，回顾自己成长过程中的那些点滴小事，我才明白，在家庭中培养儿童大脑对数学的感知意义深远。家庭不是课堂，父母不是老师，家庭教育也不应该是学校教育的延伸。

孩子在家中本应该自然而然地主动学习，通过观察父母在生活中的做法，模仿父母的行为，参与家庭活动。在这样的过程中，孩子的态度是积极主动的，不是被动的，不是被要求的。“主动”，是儿童发展心理学中强调的重点，主动学习应是贯穿孩子一生的事情。在主动的状态下，孩子学习的目的就不是为了考高分，不是为了排名靠前，甚至不是为了考取一所好学校，而是为了自己的兴趣，为了自己的快乐感受，尤其是为了在现实生活中体现出能力，以及运用这些能力后所得到的效果。这才是孩子学习和成长的意义。

结合我对儿童发展心理学的学习，回顾自己的家庭成长经历，再融入我对数学的理解，就形成了《妈妈教的数学》和《爸爸教的数学》这两本书。有数学，有家庭，有父母，有情感，有活动的细节，有心理学意义的讲解。

很多读者通过这两本书与我建立了联系。通过微信交流，我答复了很多读者在阅读过程中的疑问。这其中有很多相似的疑问，也有很多特殊的疑问。有来自小学生父母的提问，也有来自学龄前孩子父母的疑惑，还有来自初中生父母的思考。在过去1000天的这些交流和互动中，我给出了大量的具体指导、细致的活动安排，提供了帮助父母形成正确家庭教育理念的内容。这就是你眼前这本《好妈妈这样教数学》的来历。

《好妈妈这样教数学》是给妈妈看的，尤其是希望孩子获得真正成长的妈妈，而不是那些掏钱把孩子的教育“外包”出去的妈妈。这本书非常适合全职育儿的妈妈阅读、使用，当然，如果你不是全职妈妈，就需要多花费些精力，每天固定至少30分钟用于落实，才会有效果。

孩子的改变不是突然一下子发生的，大脑的变化与身高的变化一样，都是缓慢的，依靠的是每天充分的营养、细致的照料、科学的活动。睡眠、饮食、活动是儿童身高增长的三个核心要素，而听觉、视觉、触觉则是儿童大脑发育的三个核心通路。

这里的听觉，指的就是孩子听到父母说话时的感觉，这些话不仅是指父母对孩子说的话，还包括父母之间的交谈，父母在电话中与同事的交谈等，孩子通过听觉得到的这些信息，都能够在大脑发育的过程中留下痕迹。这里的视觉，指的就是孩子看到每日常见事物时的感觉，这些事物包括不断变化的事物，以及静态、没有明显变化的事物，这些事物的变化，不管是快速的还是缓慢的，都能刺激孩子的大脑进行积累，形成认识。这里的触觉，指的就是孩子接触玩具、触摸物体，甚至是双脚踩在石子、土壤、沙滩上的感觉，这些都会刺激大脑进行学习。听觉、视觉、触觉这三个重要的信息通路是大脑发育所需要的养料通路，大脑通过它们来发育和成长。家庭为孩子的大脑发育所提供的养料，要远远多于学校。

《好妈妈这样教数学》中的内容都是要在家中落实的，日复一日，年复一年。一句话也可以有启发的意义，一张图表也能培养孩子观察的能力。总之，家庭是培育孩子大脑智力发育的重要场所，更是第一战场！

妈妈不是要在家里将小学的数学知识教给孩子，而是要让孩子在日常的事情中明白数学的原理；不是让孩子做题，而是和他一起做活动；不是教孩子知识，而是为其提供场所，让孩子主动学习。通过好玩的活动，让孩子明白活动背后的数学原理以及生活中的常识。

在家里，妈妈的角色不是老师，而是关心孩子身体健康的亲人，是有效促进孩子智力发育的培育师，更是孩子童年心理健康的守护者。

《好妈妈这样教数学》中的内容包含了听觉、视觉、触觉三个核心通路，同时涉及静态的和动态的活动内容。我们不贪图快，要的是扎实；不求孩子立刻就懂，要的是核心素养的培育。

家庭中的机会与力量

学校是孩子成长的舞台，家庭是孩子发育的基地。学校是孩子为将来进入成人世界做知识准备的地方，是为了不断成长、互相竞争，以便被社会挑选的地方。家庭才是孩子身体和智力发育的场所。孩子的心理与情感源自家庭，而智力则是伴随心理与情感一同发育的。这就好比一棵树，有叶子，有枝杈，还有树干和根系。根系的深浅大致决定了树干的粗细，进而决定了这棵树未来生长的高度以及枝叶的茂盛程度。孩子就好比这棵树，他的智力就是树的根系，而联通根系与树干、枝叶之间的路径，就是心理与情感。

身体的发育在家庭，智力的发育也在家庭，而心理的成长在妈妈！

家庭是在日积月累中帮助孩子完成根系生长的深远任务的。孩子每天除了上学、睡觉外，还有 15% ~ 25% 的灵活支配时间，如图 0-1 所示。这些时间只要善加利用，经过时间的积累效应，终将带来质的改变。这些时间中，多数都是妈妈与孩子在一起，不是一起吃饭，就是一起走路，或者一起做游戏。这些都是孩子 9 岁前最重要的智力发育场景。

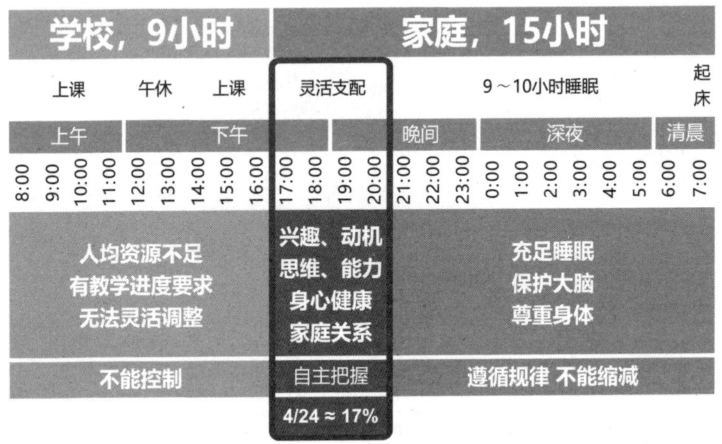

图 0-1　孩子每日的灵活支配时间

作为这些重要场景的主要当事人，妈妈不要让自己形成抱怨的心态，抱怨没能让孩子上好的幼儿园，抱怨好学校的招生人数太少……而是要从自己做起。你有很多自己能做的事情，不要抱怨和惋惜不受自己控制的事情，让自己每日沉浸在纠结、焦虑、无奈之中。你可以先把自己能做的事情想清楚，如何做、如何坚持、如何优化、有何感悟……要让自己有行动力，产生力量，直接行动。只要妈妈有做法、不焦虑，经过积累，孩子最终会发生改变。

浇花的心态

中国有句俗语叫“十年树木，百年树人”，意思就是：培育参天大树要用很长时间，而培育一个人才，则需要更长时间。这句话寓意着人才的培育要依靠点滴积累。这就如同养花，养过花的人都知道一个最基本的道理，那就是不能上午浇完水，就期待下午开花，而是应该每天点滴浇水，不去想花朵何时盛开，因为花和树都有自己的生长周期。那么人呢？

人是万物之灵，每个人都不同，都有自己的成长节奏。有的孩子视觉先发育，有的孩子听觉先发育，有的孩子更依赖触觉，在不停地“动”的过程中，掌握了很多能力。妈妈可以通过与孩子的不断互动，找到孩子成长的节奏，那么浇水、施肥、培育就都事半功倍了。

示范与互动

学校是对孩子进行教育的地方，家庭是孩子自己成长、自主学习、主动尝试的地方。最扎实的成长过程，是孩子主动要做，充满激情地不断重复一个动作、一个手法、一个姿势，这些重复的过程都是孩子自发的，不是父母威逼出来的，不是老师要求的，也不是为了得到冰激凌奖励才做的。这些重复的过程是孩子自愿主动去做的，他会依据自己的节奏，找到一个鼓点，然后就欣然起舞了。这是孩子掌握常识、融入文化、发展思维的最佳方式。

这就要求妈妈有一种平等的姿态。与孩子平等，不是做一个全知的、无所不能的妈妈，而是做一个与孩子共同探索的伙伴，参与到每一个游戏中，以平等的姿态真心地玩。不只要跟孩子一起玩，还要一边玩，一边自言自语地念叨，做错了也不必纠结，因为还有机会。这样，妈妈展现给孩子的思维和心态就是成长、变化的，而不是固化、一成不变的。

这个过程，不仅是孩子主动学习的过程，也是妈妈自己再成长的过程。

记录与记时

这不是一本用来阅读的书，而是一本操作指导手册，是指导妈妈培育孩子智力的流程指南。一年四季，你都可以按照书中的节奏去落实。不要期待花朵立刻盛开，而要做到落实了一点，就记录一点，慢慢地，你就能掌握孩子的学习模式和兴趣特点。不必等待老师来告诉你：你家孩子有多动症，你家孩子注意力不集中……不要等老师张口说这些话。你跟孩子一起互动，记录具体活动的落实过程，包括孩子的表现、游戏的进展、活动的过程，把这些都写下来，你自然就会发现孩子的问题，同时也帮孩子留下了一连串价值连城的成长足迹。

书中介绍的互动做法，在实际操作的过程中都需要记录、记时。每一个活动，都要写下启动的日期。每一天的具体活动也要记录日期，以及当天活动开始和结束的时间。还要记下孩子在参与过程中的关键表现、提出的问题，孩子在探索过程中表现出来的手脚协调、视听协调等行为，这些都是智力在发育的信号。

书中有大量的游戏、活动，你不必按照页码顺序一一落实。你可以翻阅这本书，在翻阅的过程中，有能够触动你，让你觉得可以一试的，就拿来试。但要记得把开始的那个活动的编码和落实的日期写下来。这都是在浇水，都是在培育，都是在促进根系的成长。智力的发育如同根系的成长，虽然缓慢，但是一旦发生明显的变化，那就是质的飞跃。

目录

第二部分
夏季：在生活常识中铺垫科学思维

第三部分
秋季：在家庭游戏中播撒智慧种子

测一测　　家庭数学启蒙的精髓，你领悟了吗？

1. 为孩子准备了很多有意思的数学活动，孩子就是不爱参与，怎么做才好？

A. 跟孩子约定，参与活动有奖励，比如看一会儿动画片

B. 准备的活动孩子不喜欢，换一个试试

C. 不管孩子参与不参与，自己先玩起来

D. 语重心长地说服孩子参与活动

2. 发现孩子做错了一道 20 以内加减法的题目，你应该怎么做？

A. 耐心讲解 20 以内加减法的运算原理

B. 先不讲题，跟孩子玩算牌游戏

C. 跟学校的老师沟通，要求老师为孩子讲解

D. 多给孩子准备一些习题做练习

3. 孩子从学校拿回的试卷上有空白题目，你应该怎么做？

A. 严格要求孩子重做

B. 帮孩子回忆老师在课堂上讲授的内容

C. 将题目变成可演示的游戏，跟孩子一起玩

D. 给孩子演示这道题的解题方法

4. 对于数学学习，学校教给孩子的是知识，那妈妈能给孩子的是什么？（多选）

A. 生活中的数感氛围

B. 难题的讲解

C. 思维方式的培养

D. 有趣、好玩的学习过程

扫码获取答案和解析。

Math
Taught
by
Mum

第一部分

SPRING

春季：在家庭布局中植入数感体验

第 1 章

家庭中的视觉布局

春季是万物复苏的季节，也是视觉活跃的季节。对孩子来说，春季能够看到的动态事物很多，如颜色的变化、天空的变化、树的变化等，这些视觉信号都能够激发大脑去对其加以解读。同样的道理，借助春季的到来，我们开启家庭的布局。如何布局？那就是充分利用能够看到的数量、对应的数字，让孩子在大脑中形成数感。有数感的孩子，上学后对数学知识的反应不知道是没有数感的孩子的多少倍！

数感源于大脑，是大脑对数量的一种本能反应，对数字的敏感意识。见到一堆花生，就能够感觉到大概的数量，这就是数感的表现；见到前面的隧道洞口，就能够感觉那辆想要通过的卡车可能会过不去，这是对高度的感觉。还有对速度、长度、大小的各种感觉，这些都是未来数学学习的核心基础。

这里有 3 个活动，可以帮助孩子完成开春的智力复苏。

变换外衣的瓢虫

游戏编码：1-1-01

重要性[①]等级：★★★

材料准备

- 瓢虫及圆点模板 1 套，其中瓢虫模板可以塑封后使用，如图 1-1 所示。
- 同色的 1 ～ 10 数字算牌[②]，如图 1-2 所示，或者自己制作 1 ～ 10 的数字卡片。
- 白板笔。

---

① 书中的活动有的难度较高，有的难度较低。对孩子来说，活动没有难度大小之分。难度是大人看待问题的方式，不是孩子大脑感受事物的方式。因此，强烈建议读者不要根据自己认为的游戏活动的难度大小来决定落实与否，而应根据活动的重要性程度来决定落实与否。如果重要性是 3 星，意思就是应该每周落实至少 3 次；如果是 5 星，那就说明在每周 7 天中，至少有 5 天要落实。

② 算牌是为儿童铺垫数感而设计的一种系列卡片，在第 11 章有专门介绍。

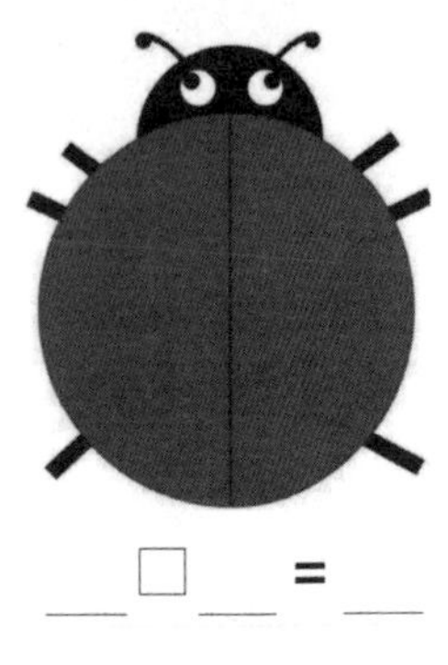

图 1-1　瓢虫模板

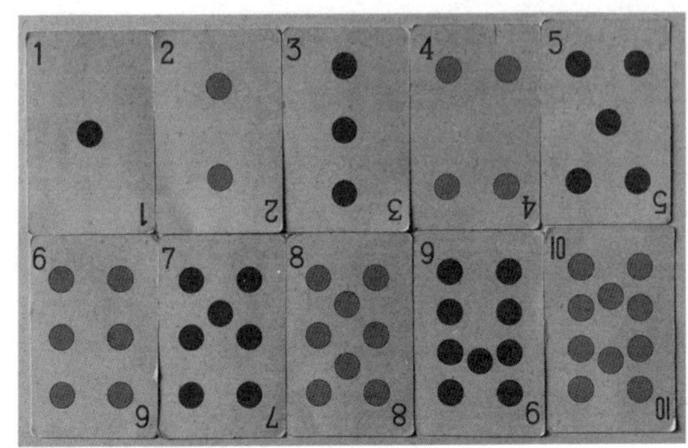

图 1-2　同色 1 ~ 10 算牌

游戏玩法

1. 这是一个两人游戏。一方从 10 张算牌中盲抽一张，抽到几，就决定瓢虫甲壳上的圆点数量是几个。另一方数出同样数量的圆点摆在瓢虫甲壳上，并根据自己的摆放方式，用白板笔在过塑的模板上写下算式。

2. 擦去白板笔的字迹，两方轮换。比如，孩子为妈妈抽到一张算牌 8，妈妈可以说："这回我的瓢虫身上要长 8 个点。" 边说边数出需要摆放的圆点，可以逐一清点，边清点边在旁边一字排开；也可以两两清点：2，4，6，8，一共 4 对，如图 1-3 所示。

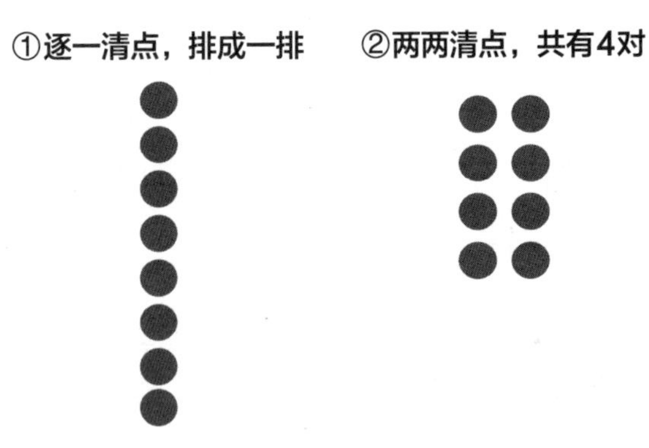

图 1-3　两种清点方式

在生活中，妈妈是否经常会为孩子示范逐一清点、两两清点这两种清点方式？游戏，就是示范的好机会。不要重复讲解，只要自然地操作、自言自语就好。

3. 在瓢虫的左右甲壳上拆分摆放圆点，带孩子一起写下算式。引导孩子熟悉加法原理，明白两边加起来就是总和。

比如，妈妈可以说："让我想想这只瓢虫要长成什么样呢？要是两边都一样，是不是更好看？让我试试，能不能让两边长得一模一样。"接着妈妈可以把已经清点出的 8 个圆点按两边间隔摆放的方式，依次摆上，边摆放边自言自语："左边放一个，右边同样的位置，也放一个；左边再放一个，右边也再放一个……（直至放完）太好了，真的能让左边和右边长得一模一样！每边各有 4 个。4 个再加上 4 个，一共是 8 个。我可以写下来，4 + 4 = 8。"然后把算式用白板笔写在过塑的模板上。

同样是 8，妈妈还可以说："这回我想让我的瓢虫变得特别一些，让左边的圆点多长一些，长 5 个，右边的圆点少长一些，长 3 个，5 个和 3 个加起来一共也是 8 个，我可以写成 5 + 3 = 8。"

游戏目的

- 强化数字与数量的视觉对应，理解数字背后的量的意义。
- 感受数量的外在形式变化与本质的恒常性。比如，5 个圆点不论是放在一起还是拆分开，都是 5 个圆点。
- 通过视觉感受和动手操作，感知加法的含义。

变化与扩展

1. 当孩子把 1 ～ 10 玩熟以后，可以扩展为 1 ～ 20 的游戏，配合使用"进阶算牌"，选出同色的 20 张牌，玩法类似。

2. 当孩子把加法玩熟以后，可以尝试减法算式。比如仍是 8 个圆点，妈妈清点出来并摆上瓢虫甲壳后，可以说：“你为我抽的牌是 8，我要给自己的瓢虫身上摆 8 个圆点，我已经清点出 8 个了，现在左边甲壳上已经摆了 5 个圆点，还剩下 3 个要摆在右边的甲壳上，我可以这样写，$8-5=3$。”

要点提示

◎ 要注意母子游戏的核心，是妈妈能用平等的姿态参与其中，真心地跟孩子玩。

妈妈真心地和孩子一起玩，就不是打着玩的幌子，把模板交给孩子，让他数、让他摆、让他填写，这是单向布置任务，而不是双向互动。

妈妈还要确保在与孩子的交谈中，不要说“这样是错的”“你错了”这类不对等的语言，也不要有“听我的”“照我说的做”这种命令式语言。妈妈不是老师，不要使用老师的习惯用语。可以跟孩子说“如果是我，我会这样做……”，并让孩子看到做出来的正确的样子。还可以跟孩子说：“这样的做法真好，这回这么做就可以赢了。”

如果失去了游戏的乐趣，孩子就会觉得没劲，感到反感，甚至会形成一种预期，一看见你拿出游戏模板，一听见你说玩游戏，就知道你又想给他布置任务，又想以老师的姿态教他、督促他完成了，因而不仅不会感到兴奋和激动，反而会非常抵触，不愿参与。玩是孩子的天性、快乐的来源，如果说到玩，孩子却提不起劲儿，或者妈妈常常感到自己跟孩子“玩不起来”，那就只能说明妈妈并不知道应该怎么跟孩子玩，对游戏的理解以及操作方法是有问题的。

◎ 玩这个游戏，最初阶段最好使用同色算牌，减少颜色对孩子感知数字、数量的干扰。

可以让孩子从牌面的 4 种颜色中选择一种自己喜欢的颜色。改天再玩时，轮到妈妈选择颜色了，就可以换成另外一种颜色的算牌。

◎　盲抽数字牌的环节不能省去，不能变成由妈妈直接说数字，让孩子摆瓢虫斑点，写出算式，这是变相地出题、考试。

抽牌是触觉感知过程，为的是让孩子大脑的神经中枢参与其中，调动双手、配合双眼、集中听力来完成一项任务，这个过程，同时也是训练大脑形成整体系统性数感的过程。

游戏的大部分乐趣正是来源于抽签、掷色子、抛硬币、转罗盘指针、玩石头剪刀布这些带有不确定性的环节，这些环节既能调动起孩子内心的猜测和期待，又能有效帮助妈妈融入游戏，和孩子处于相同起点，以同等姿态参与其中。

家庭不是教室，家庭游戏活动也不是学校的课题，不是为了一次考试或单一的学习目标，比如掌握加法，而是强调大脑所有信息通路的参与。家庭游戏活动是全方位提升大脑的过程，需要的是听觉、视觉、触觉的联合工作状态，也就是孩子自己积极主动学习的大脑状态。

◎　妈妈一定要带着单纯的“玩”的目的与孩子游戏。

孩子会在玩的快乐和自我目的性的驱动下，乐在其中、乐此不疲，不断参与、不断重复，主动坚持，因而才有机会不断去看、不断摆弄、不断地听和说，也才有机会不断地感知和感悟。在这个过程中，孩子会达成目的或产生自己的理解，这些进而又能给他更大的快乐，激励他继续参与、探索。这种正向循环是最高效、最能提升数学能力和理解力的学习过程。妈妈不要短视地仅将目光聚焦在孩子能否把算式写正确、字体写好看、写出有变化的算式上。

玩，本身是没有明确目的的，在玩的过程中，孩子获得的反而是全部的内容，并不知不觉地形成一种感觉：如果玩的内容与数量有关，那么这种感觉就是数感；如果玩的内容与空间有关，这种感觉就是空间感；如果玩的内容与音乐有关，那这种感觉就是乐感；……家庭是全方位提升孩子大脑感觉的场所，关键就看妈妈是不是本着好玩、多变的心态跟孩子一起活动。

◎ **多为孩子展现细节。**

妈妈在跟孩子玩的过程中，可以通过拆解步骤、放慢速度、增加描述性语言等方式，为孩子展现更多有趣的细节。不是说教，不是上课，不是要求“你要看着我”“你要听我说”，而是将细节融入有目的性的游戏操作过程中，顺其自然地为孩子展现。

◎ **在过程中带领孩子深入感知。**

算牌上现成的数字和图形、逐一清点或两两清点圆点的方式；在瓢虫的左右甲壳上拆分摆放圆点，再配合以语言解释自己的思考、操作及写算式的过程，这些是多么好的深入感知方式啊！数字代表的量以及量的具象展现、量的实际意义、抽象算式与具象场景的结合全部融合在游戏里，孩子自然而然地就理解了。学校课堂里一个班几十个孩子，老师无法进行这样充分的具象化、慢拆解，来让孩子深入理解概念，但在家里，妈妈完全可以通过与孩子游戏互动的方式来实现，而且这样的拆解也只能通过在家中的活动实现。

瓢虫是在春季苏醒的虫子，也能经常见到，它们甲壳上的圆点数量有所不同，有的 2 个点，有的 4 个点，有的 7 个点……在观察瓢虫的过程中，孩子也训练了注意力，能够调整眼球的焦距，集中到具体的点上。这是儿童大脑聚焦小事物的一种训练。这种训练，不仅能让大脑形成对数量的感觉，还能形成用眼睛为大脑意识服务的神经通路，这是大脑皮层的一种脑电波运转方式。这些都是智力的组成部分，这些活动就是参天大树的根系生长的阶段性行为。

好妈妈，原来真的是有办法的，她们是这样教数学的。

家庭钟表活动

游戏编码：1-1-02

重要性等级：★★★★★

一日之计在于晨，一年之计在于春，一生之计在于家！好妈妈可将具体的做法落实在家庭活动中，让其与孩子的大脑发育同步，从而把握最佳的节奏。时间意识是数学思维发展的重要一环，好妈妈知道，如果等孩子上学时才接触时间概念，就太晚了，孩子不仅难学会，也难以理解其在生活中的用途。那么重点来了，即需要早一点启发孩子的视觉，通过参与具体的活动，让其认识家里每天一抬眼就能看得到，却可能没有注意到的钟表表盘。

材料准备

- 家中常用的表盘式挂钟或闹钟，如图 1-4 所示。
- 记录本。

图 1-4　表盘式挂钟

游戏玩法

1. 在孩子在场的情况下，父母每天进行看表活动，每次在钟表前停留至少1分钟，自言自语地读出当下的时间，进行自己的解释。

比如，父母可以这样说："现在钟表的短针指在7，这是7点，长针指在2，表示10分钟，现在的时间是7点10分，也就是7点钟又过去了10分钟。我还有5分钟就要出门上班，就是7点15分出门，这样我就能在8点15分之前赶到单位，8点30分开始上班。"

2. 除了看表、说出时间、解释时间与具体行动或自己心中的规划之间的关系外，还要拿笔记录下来，如图1-5所示。此类活动不用一下子完成很多，每天做上一两次就好，重要的是坚持。比如记录每天出门上班的时间，坚持两周以上。

上班出门时间记录　　姓名：李玲（妈妈）

日期	星期	出门时间	备注
2018-7-10	二	7:15	
2018-7-11	三	7:18	
2018-7-12	四	7:12	
2018-7-13	五	6:50	要开会，须早到
2018-7-14	六	无	周末不上班
2018-7-15	日	无	周末不上班
2018-7-16	一	7:17	
2018-7-17	二	7:13	
2018-7-18	三	7:15	
2018-7-19	四	7:13	
2018-7-20	五	7:35	闹钟停了，起床晚了
2018-7-21	六	8:30	单位有事，周末需要加班
2018-7-22	日	无	
2018-7-23	一	7:10	

图1-5　上班出门时间记录举例

3. 当你在孩子面前重复这样的行为10次以上时，就可以邀请孩子帮忙，并观察孩子的看表行为。对于还不会看表的孩子，可以明确地说出需要他帮忙的具体行为。

比如，可以跟孩子这样说："我在炒菜，不方便去客厅看表，请你帮忙看看短针指在哪个数字上，长针指在哪个数字上。你只要告诉我长短针的位置，我就能知道现在几点了。"然后根据孩子的回答，自己说出相应的时间。

游戏目的

- 熟悉表盘、数字顺序、钟表指针运转方式。
- 感知表盘上数字的含义。
- 建立具象的生活安排与抽象的时间之间的联系，培养时间感。

变化与扩展

1. 建议完成此项基础活动之后，先进行下一个游戏"我的生活我安排"的基础活动和扩展活动，再引入此部分的扩展活动。

2. 对于生活中每天重复进行的事情，都可以采用"看表、自言自语解释、记录"这样的方式。

比如每天下班到家的时间、开始做饭的时间、开始刷牙的时间、上床睡觉的时间等，都可以用来和孩子玩这个游戏。也可以分别记录一件事情的开始时间和结束时间，再计算一下所用时长，比如通过记录开始吃饭的时间和吃完饭的时间，计算出用餐时长。不必全面铺开，所有的事情都记录就会产生负担，只需要关注一件事情，每天以这样的方式进行一两次，连续记录两周之后，再换成记录另外一件事情。

3. 回顾记录，写下自己的发现或总结。比如图 1-5 中的记录，根据 7 月 10 日到 7 月 23 日妈妈李玲的出门上班时间记录，可以总结出以下规律。

- **工作日早上出门上班的时间一般在 7 点 15 分左右。**
- **其中最早的一天是 7 月 13 日，6 点 50 分出门，因为那天单位开早会，需要早到一些做准备。**

- 最晚的一天是7月20日，7点35分出门，因为闹钟停了，所以起床和出门都晚了，那天8点28分才到单位，险些迟到。
- 周末通常不加班，但7月21日星期六那天临时有事，于是8点30分出门去单位加班。

再比如，如图1-6所示，根据9月3日到9月16日对洗澡时间的记录，能够总结出，如果洗澡的时候不洗头发大概需要10分钟，如果洗头发的话大约需要15分钟。

洗澡时间记录　　　　姓名：李玲（妈妈）

日期	星期	进浴室时间	出浴室时间	洗澡时长（分钟）	洗头	备注
2018-9-3	一	22:05	22:14	9		
2018-9-4	二	21:38	21:54	16	√	
2018-9-5	三	20:35	20:49	14	√	
2018-9-6	四	20:30	20:39	9		
2018-9-7	五	19:42	19:57	15	√	
2018-9-8	六	19:30	19:40	10		
2018-9-9	日	21:35	21:50	15	√	
2018-9-10	一			无		出差
2018-9-11	二			无		出差
2018-9-12	三	19:20	19:37	17	√	
2018-9-13	四	23:05	23:14	9		
2018-9-14	五	19:46	20:01	15	√	
2018-9-15	六	20:14	20:24	10		
2018-9-16	日			无		出差

图1-6　洗澡时间记录举例

4. 对于已经上小学的孩子，在充分进行过以上活动之后，可以引入预估时间的概念，将预估时间与实际用时做对比。

比如，边看表边跟孩子说："现在是9点10分，今天我要洗头发，所以我估计洗完澡出来大概是9点25分。"记录下自己的预估时间，等洗完澡后再看一看表，记录下实际时间，并通过自言自语的方式解释两者间的对比和有差别的原因，如图 1-7 所示。

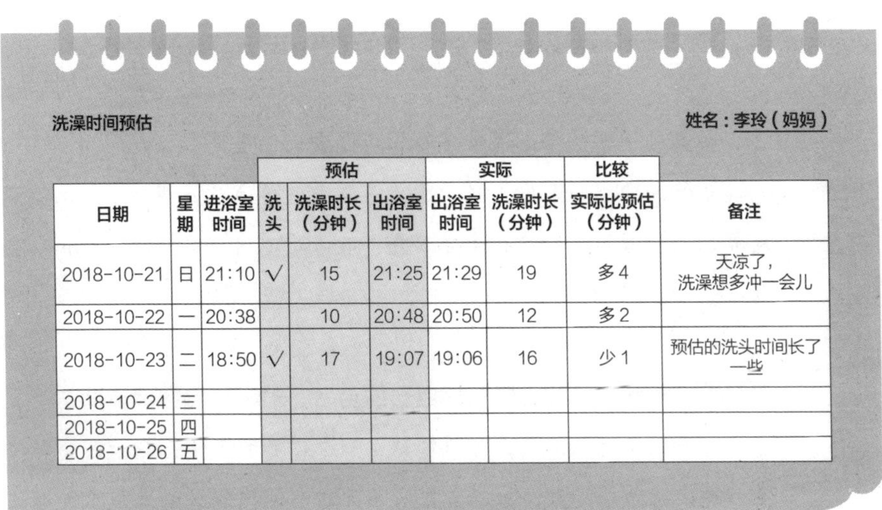

洗澡时间预估　　　　姓名：李玲（妈妈）

			预估			实际		比较	
日期	星期	进浴室时间	洗头	洗澡时长（分钟）	出浴室时间	出浴室时间	洗澡时长（分钟）	实际比预估（分钟）	备注
2018-10-21	日	21:10	√	15	21:25	21:29	19	多 4	天凉了，洗澡想多冲一会儿
2018-10-22	一	20:38		10	20:48	20:50	12	多 2	
2018-10-23	二	18:50	√	17	19:07	19:06	16	少 1	预估的洗头时间长了一些
2018-10-24	三								
2018-10-25	四								
2018-10-26	五								

图 1-7　洗澡时间预估举例

要点提示

◎ **只要孩子在场即可，无须参与。**

以上这些，都是妈妈的功课，是妈妈需要完成的动作，只要孩子在场时完成就行，他看与不看、听与不听、问与不问，都没有关系，妈妈只需要专注于自己该做的动作就好，每天 2 分钟，重在坚持。

◎ **对于妈妈重复出现的行为，孩子一定会注意到并可能好奇地问："妈妈你在干什么？"这时要给出与时间、规划有关的回答。**

比如，妈妈可以回答："我在看时间。""我在看几点了。""我在做规划。""我要看看时间够不够，还能不能做这件事。"……这些回答，每次不一定一样，但是都要跟时间和规划有关。这样的行为、回答、记录，会引领孩子关注钟表上的数字、读表的方法、时间与事件、时间的用途与规划，让时间与行为建立起联系。这是由孩子的好奇心、内在动力所“引领”的探索，他会自发地关注、思考、模仿，而不是在妈妈提出要求的压力下进行。

◎ 邀请孩子帮忙是促进孩子参与互动的一个技巧。

帮忙的内容越具体，孩子越容易上手。要注意，帮忙不能演变成反复询问，考核、检验孩子会不会、做得对不对，这样的“帮忙”会让孩子心生抵触。

◎ 进行时间记录时，要书写自己的全名，对记录内容标注清楚。

如果孩子也想记录，可以给孩子一个单独的本子，孩子不会写字主动提出请你帮忙时，可以帮他写下他想写的内容，如果孩子没有主动提出需要帮助，应该给他自己尝试的自由。

实践分享：玩会的表盘

儿子 2 岁 7 个月刚上幼儿园时，出现了分离焦虑，我打印了幼儿园放学时间 4 点半的表盘，告诉他，当教室墙上的短针指到 4 和 5 之间、长针指着 6 的时候，我就会出现在教室门口。

一开始，儿子对指针位置代表的含义没有概念，等过了几个月，他开始自己把玩具表盘上的时针拨到 4 和 5 之间，分针拨到 6，告诉我那是 4 点 30 分。这个时钟的样子，他总是很关注，因为这是我去学校接他回家的时间，看得多了，他也就记下了指针的样子所代表的时间，以及与他的关系。虽然是记住的，但这种“记忆”是在不断熟悉的过程中主动形成的，而不是不知道对自己有什么用，死记硬背掌握的。

后来我用盆子扣在纸上画圆，和儿子一起动手制作表盘，把时间的说法更多地带到生活中，再后来买了圆规，用圆规来画圆制作表盘，儿子就更感兴趣了（见图 1-8）。

图 1-8　自制表盘

我指着表盘问：“这里是数字几？”儿子便激动地说“我知道，我知道”，并拿出家里另一个表盘告诉我1在哪，2在哪……这时他已经清楚了数字是怎么分布的，顺时针、逆时针的意思，还知道1秒钟就是秒针“嘀嗒”一下，1分钟就是秒针跑一圈。

生活中与孩子相关的时间标记，我也会留心帮助他强化。有一天晚上，儿子想去家附近的超市，我知道那时候超市已经关门了，但还是带着他去了，到了超市，我说：“咦？怎么关着门呢？”又指着门上的字念叨着：“营业时间，哦，超市是9点半关门，现在已经超过9点半了吗？”然后低头看表。儿子也凑过来要看，我俩一边看表一边自言自语地解读表上的时间。

还有时间的不同写法，也是在生活中逐渐熟悉的。记录出门时间和到家时间的表格，最初我是用12小时制，用am和pm表示上午和下午，写了几十次以后换成了24小时制，比如13:40这样的写法。孩子一下子就发现了，提醒我说：“妈妈，时间后面还有字母没有写呢。”我说：“是哦，你发现了。”于是在后面补上了另一种写法，告诉他这两种写法都可以，儿子很快就熟悉了（见图1-9）。

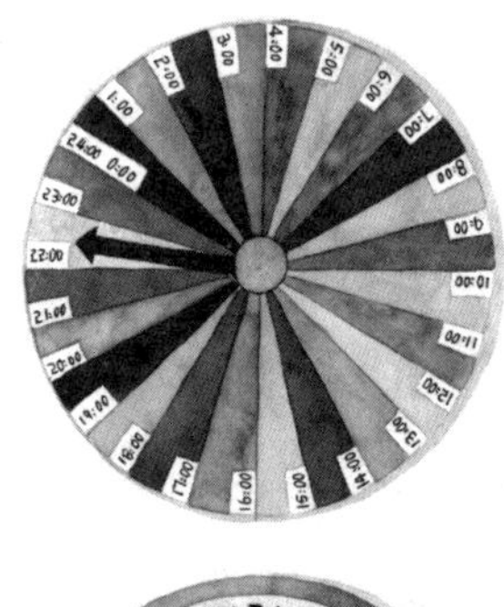

日期 \ 时间	出门	到家
1.18	10:31 am	12:26 pm
1.28	13:45 pm	15:20 pm
2.18	2:47 pm	3:15 pm
2.19	14:20	15:45
2.22	15:17	17:31
2.23	18:31/6:31 pm	19:50
2.26	12:45	13:17

图1-9　时间的不同表示方式

儿子熟悉了钟表以后，我将表盘的形式做了更多改变，比如我做了日常活动表盘、零食表盘，还有星期的表盘（见图1-10）。其中孩子最喜欢的是零食表盘，很期待每次吃零食之前操作一下。看着他的操作，我顺势说：“你刚才从酸奶沿顺时针转了3/4圈，转到了面包。”这时孩子会瞟一眼表盘。慢慢地，对于表盘指针转多少转，他也理解了。

图1-10 表盘的多种变化形式

我的生活我安排

游戏编码：1-1-03

重要性等级：★★★

孩子的生活总是被妈妈安排着，长期下来形成习惯，这时，有的妈妈就觉得烦了，觉得育儿就是无意义行为的大量重复。

好妈妈可不这么看待事情，比如，通过认识钟表、参与活动的过程，让孩子学会自己的事情自己安排。每做一件事情，都需要一定的时间，钟表盘上都有显示。不认识表盘？没事！我们自己做，自己体验，自己动手，从触觉入手，这是大脑皮层发育的最关键的一项功能。将看到的东西通过自己的手制作出来，这项活动不仅可以培养时间观念，还能锻炼手眼协调能力。

好妈妈，总是一箭双雕，不为单纯地教给孩子知识，为的是让孩子在现实中融会贯通，那才是智力的真正觉醒和发育。

材料准备

- 表盘模板，如图 1-11 所示。
- 大按扣，用来固定指针，如图 1-12 所示。

图 1-11　表盘模板

- 尼龙粘扣或撕拉魔术贴，如图 1-13 所示。
- 日常生活图标模板及日程表格，如图 1-14 所示。

图 1-12　大按扣图

1-13　尼龙粘扣

7:00		
7:10		
7:30		
7:40		
7:45		

图 1-14　日程表格

游戏玩法

1. 妈妈和孩子一起制作表盘，每人制作3个，时针和分针用大按扣固定在圆心处。

2. 妈妈和孩子自由选出每天都要进行的3件事，比如吃早饭、出门上班或上学、吃晚饭、洗漱、上床睡觉等，把自己的名字、3个事件的名称以及对应的时间分别写在3个表盘上，再把指针摆到相应的位置，如图1-15所示。

图1-15　制作表盘示意

3. 在家中选择一个位置将做好的表盘贴起来。比如吃早饭的时间是7点20分，当时间临近时，妈妈可以先看一眼家里墙上挂着的钟表，再看看写有自己名字的表盘，说："我计划每天7点20分吃早饭，现在是早上7点10分，快到吃早饭的时间了，我需要提前洗手、摆桌子了。"对于每天要做的3件事，妈妈都不断重复这样的行为，孩子会逐渐效仿。

4. 可以让孩子帮忙，快到要做下一个表盘上标示的事情时，提前提醒你。

5. 妈妈和孩子对各自要做的3件事的时间充分熟悉后，可以更换3件事继续玩。

游戏目的

- 通过自制表盘与家里钟表的视觉对应、生活事件与表盘时间的视觉对应、动手操作、语言表达等，来熟悉表盘。

- 知道一天生活的大体安排，体会生活的节奏感。
- 学习根据时间来安排自己的生活。

变化与扩展

1. 最初使用的 3 个表盘分别对应 3 件事情的时间，这样最简单、最直观，也最容易感知。当孩子充分熟悉之后，可以将多个事件标入同一个表盘中，并带孩子感知上午和下午不同的安排。

比如，妈妈和孩子每人制作 2 个表盘，分别写上自己的姓名，一个标注“上半天”，表示一天中的前 12 个小时；另一个标注“下半天”，表示一天中的后 12 个小时。剪下日常生活图标，做成小卡片，背面粘上撕拉魔术贴，如图 1-16 所示。

图 1-16　半天时间表盘

和孩子讨论一日生活安排，妈妈可以先做示范，把自己每天的主要安排所对应的图标贴在上、下半天两个表盘外围的相应位置，孩子会主动要求制作自己的表盘，展示他自己的生活安排，这是孩子继续思考与自己有关的生活事件，以及妈妈倾听和了解孩子如何理解时间的机会。具体操作方法与初级玩法类似，但加入了更多拨动指针的动作。

比如，到了洗漱时间，妈妈可以先看一眼家里的钟表，说："现在是晚上8点30分，我要开始洗漱了。"然后在自己的下半天表盘上把指针拨到8点30分的位置，而在那个位置上，应该刚好有一个之前粘贴过的洗漱事件的图标。不断重复这样的行为，观察孩子如何模仿。

2. 充分操作表盘，等孩子学会用表盘安排生活后，可以再进一步，使用文字的日程表格形式。

表格模板可以过塑使用。时间用白板笔书写，以便修改。日常生活仍使用撕拉魔术贴贴图的方式，这样会有一定的具象性、直观性。

3. 熟悉24小时制。利用撕拉魔术贴制作可覆盖、可揭开的24小时制表盘，供孩子把玩、观察、对应，如图1-17所示。

图1-17　24小时制表盘

要点提示

◎ 当孩子还不会看表时，建议采用分步拆解的方式，搭建具象和抽象的桥梁，逐步深入地带领孩子熟悉表盘，感知时间。

- 通过妈妈的看表行为，让孩子留意到家中有表，表盘上有指针和数字。

- 让孩子留意到妈妈用表盘和时间来规划、约束自己的行为。
- 制作表盘，熟悉固定事件的发生时间在表盘上的位置。
- 感知一天中多个事件与表盘的对应关系，以及上午和下午的区别。
- 初步尝试使用表盘和时间来推进自己要做的事情。
- 脱离表盘，用抽象的数字时间对应日程表格。
- 逐渐熟悉 24 小时制。

◎　通过每天眼睛看见、手动操作表盘，以及围绕着表盘规划每日的生活安排，孩子不仅感知了数字顺序、事件的先后顺序，更是不断体会到如何借助钟表指针来关联和安排自己要做的事情。

通过动手制作、讨论、观察妈妈使用表盘，孩子渐渐学会了看钟表指针指在哪里、相应的时间贴上了什么事情的图标，并主动决定要去做这件事情，也就是把自己该干的事情由听从父母的指令转变成按照自己的规划来进行的行为。

在生活中反复感受时间、联系行为所形成的数感，是一种良好的习惯和规则意识，并会进一步增强孩子的自我意识、独立自主性，以及自我控制和自我约束的能力。如果不借助表盘的提示，而是全都通过父母的提醒或催促："该刷牙了，去刷牙吧！""该上学了，快一点儿，已经说了好几次了，快迟到了！""该睡觉了，别再磨蹭了，要不明天起不来了！"……孩子的行为就是被一个又一个外部指令控制的，是被动、不情愿的。

◎　千万别当"催催婆"。

父母在生活中经常流露出时间的压力感：到时间必须干什么事情，否则会耽误。这时非常希望孩子能够配合，可父母的做法往往非常单一、缺乏策略，只有反复催促或大吼大叫这一招，让孩子心生厌恶。在这种负面情绪之下，孩子不仅不愿意配合父母去做眼下的事情，甚至连其他事情也不愿意配合，出现“越催越慢”的情况。

父母的催促，只是把自己的时间压力感直接传递给了孩子，却没有向他传授如何认识这份压力，以及如何解压，即没有让其学会依据时间指针来预测和调整自己的行动，用基于时间而形成的数感（即时间感）来作为生活的“节拍器”，就如同弹钢琴要随着节拍器律动一样，将生活也安排在时间的维度中稳步推进。

◎ **孩子最愿意参与需要动手操作的事情，和孩子一起制作表盘，只要他参与了，他对表盘的熟悉感和与自己生活的关联感都会更加强烈。这种感受越强烈，孩子用时间来约束和影响自己行为的可能性也就越大。**

妈妈只需要准备足够多的材料，覆盖孩子有可能参与的各种活动，和他一起参与，就够了。在孩子眼中，这些活动都是在玩，都很好玩，这种玩的方式，就是最好的教学活动：不仅能认识数字、了解数字的顺序以及数字与时间的关系，还能感知时间对于生活的意义。在学校课堂上，老师没有足够的时间带着全班几十个孩子一起制作表盘，将时间拆解成最直观、最具个性化的样子，以孩子最容易感知的方式逐步深入，但妈妈完全可以按照上述步骤在家中进行布局，创造与生活紧密结合的场景，充分调动视觉、触觉、听觉，为孩子打好坚实的数感地基。

实践分享：妈妈不要催我

我和孩子经常开展看时间的活动，不光看表，还会把时间记录下来，比如记录从家步行到幼儿园的时间，如图 1-18 所示，还会记录入睡的时间、我做晚饭的时间、坐地铁全程的时间及两站之间的时间等。

记录内容：
早晨从家步行去幼儿园的时间

计时方法：
用手机秒表计时，从关上家门开始，到幼儿园门口停止

日期	星期	时间
2017-11-17	五	6 分 51 秒
2017-11-21	二	8 分 48 秒
2017-11-24	五	7 分 12 秒
2017-11-29	三	10 分 26 秒
2017-11-30	四	9 分 40 秒
2017-12-4	一	8 分 51 秒
2017-12-5	二	8 分 28 秒
2017-12-6	三	10 分 22 秒
2017-12-12	二	10 分 15 秒
2017-12-13	三	8 分 30 秒
2017-12-14	四	7 分 26 秒
2017-12-15	五	7 分 2 秒
2017-12-18	一	9 分 10 秒

图 1-18　从家步行到幼儿园的时间记录举例

我儿子确实经常磨蹭、动作慢，但对于与他作息相关的时间，在记录时，我采用“只念时间，只记录，不评价，不催促”的原则，练习让自己保持客观态度，不凭主观感受去评价。

一开始确实非常艰难，我发现自己总是试图催促孩子、评价他动作太慢。当我意识到自己的问题后，曾经一度很有挫败感。后来想到，孩子在成

长，我也在成长，不管是对他还是对我自己，都要学会拆解台阶，一小步、一小步地迈进。不要求孩子一步登天，也不要求自己一夜之间换一个人。

但改变仍是需要的。做法就是定一个力所能及、切合实际的小目标。比如每天先做到3次不催促，3次就好，不求多，并用笔记下来。经过一段时间的练习，每天3次不催促的目标已能比较轻松地完成了，并且大部分情况下能做到只客观地说时间是几点，不再做主观评价。

又过了一段时间，我发现孩子渐渐能表达出很多有意思的想法，并开始形成自己的观点和态度，也慢慢学会抓紧时间了，比如他会说：

“今天上床睡觉的时间比昨天晚了5分钟，因为刚才我喝奶时弄洒了，擦桌子花去了一些时间。”

“今天到校时间比昨天早了2分钟，因为我心里一直想着希望今天早一些到，果真做到了。”

“妈妈，今天路上的时间比昨天少，因为今天出门时你忘了按手机秒表，等出了电梯才按的，所以少掉的时间应该是等电梯和坐电梯的时间，对吗？”

“妈妈，今天你做饭花的时间比之前都长，因为今天的菜好丰盛，这么多菜都是我爱吃的，所以需要更多的时间做。谢谢妈妈。”

“妈妈，你不用催我快一点，我心里有数，我知道从家到学校最快8分钟就能走到，最慢的时候，咱们走十二三分钟也到了，所以时间够用。”

“嗯，今天是晚了一些，卡在最后时刻到的学校，但不算迟到，我还挺高兴的。”

“妈妈，你不能老说我晚，那是你觉得晚，其实我今天比昨天还提早了呢，我觉得自己进步了。”

…………

孩子的话是内心的真实流露，让人很受触动。确实，孩子需要跟他自己比、跟他的昨天比，而不是拿别人的标准来衡量他。记录下来的表格，并不需要刻意帮助孩子“读取和解释”，给他时间看，给他时间思考，给他时间感悟，孩子慢慢就能自己解读明白。那才是他自己的、自发的、内在的声音和力量。

这个例子就体现了好妈妈的做法：事无巨细，提笔就记。孩子看到你不断地做一件事，就会产生兴趣，也愿意搞明白那是个什么事儿，这就是内在动力，比大人催着孩子学习，催着孩子去做这个、做那个好得多。

孩子不是被催着长大的，生活也是要自发、自由、自愿去参与的。生活中有时间，就有时间的前后、时间的长短，而这些就是按照时间顺序出现的因和果。孩子不一定明白因果这个概念，却能通过活动明白事情与时间的关系，明白家里墙上的钟表指针就是自己做事情的步伐，“嘀嗒嘀嗒”地挪动着、积累着，见证着好妈妈的行动落实、好孩子的成长进步。

第2章

数数也要有诀窍

让孩子数数，走路的时候数，吃饭的时候也数，很多妈妈还对此感到很自豪。但好妈妈知道，从孩子嘴里说出来的1，2，3，4，5，对孩子来说只是一系列的发音，可能对口腔塑形和正确发音有帮助，但对数感的形成作用甚微。

枯燥的数数

不少父母从小就要求孩子学数数，时不时还要考考他，甚至让孩子在亲朋好友面前“表演”一番：“来，数一个，看看能数到几。”尤其是说话灵巧且记忆力好的女孩子，有的才两岁多，就能数到二三十，父母颇为得意。

但如果我们用心观察这样的孩子，不难发现他们其实是在背诵，有时卡住了，还会用眼睛瞟着天花板想一想：下一个应该是什么呢？数数变成了背书，数得毫无乐趣、非常茫然，他们不知道为什么要数，不知道这样念出来的一串内容跟自己有什么关系。有时数错了还会挨批评：“你怎么连这么简单的都不会数？”“数了这么多次，怎么还数错？”孩子更加觉得数数真是太没意思了。

把数字当文字

当父母在孩子面前数数却没有向孩子提供相应的具体实物时，虽然孩子听得多了也会跟着数 1，2，3，4，5，但他们实际上是利用听觉以及对听觉的模仿在数数。由于缺乏视觉和触觉的直观感受，孩子对数字发音所代表的“数量”没有概念，只是把数字当成一种文字符号的发音背了下来，如同摇头晃脑地背押韵儿歌一样：“一二三四五，上山打老虎。”5 个数字只是 5 个发音，是调用孩子对听觉记忆的模仿，而并没有促进他们对数字背后的“量”的含义的理解。

等到学习加法时，孩子可能会认为“3 + 4 = 7”的意思就是“3”这个数字和“4”这个数字放在一起就等于“7”这个数字，就像一个固定的口诀；再跟他说“5 + 2 = 7”，他又会记下，“5”这个数字和“2”这个数字放在一起，也等于“7”这个数字。但孩子搞不明白这些数字为什么要加来加去，跟自己有什么关系。他没有真正弄懂就只能靠记住它，记不住就多抄写算式、多刷题，久而久之就把数学学死了，既没理解本质，也没提升能力，还越来越不喜欢数学。

要想理解加法的本质，在最开始数数的阶段就要把数字变成数量，用视觉把数和量联系在一起。嘴上发音说出“1，2，3”时，视觉上一定要能看到与之对应的、反映量的实物，比如 1 个苹果、2 个梨、3 根香蕉。让孩子理解数字背后的数量，通过数数清点数量、感受数量的多少和变化规律，这才是数数的意义。

手指，天生的数学工具

我们的手指是与生俱来的计算器，天生的数学工具，不必在意有的老师不让孩子数手指，而要求直接心算，这样的做法违背了孩子需要借助具象事物慢慢理解抽象符号的认知规律，如果让孩子直接跨越必须经历且比较缓慢的过程，只会为后续的深入理解和思维的培养增加困难。

体验数字，先从数量开始，先从和孩子一起数手指开始，这样做既有视觉对应，又有触觉刺激，孩子不仅理解了清点的含义，感知了数量的对应关系，学会了如何掰手指、攥手指，如何用手指计算，还刺激了大脑皮层的发育。

数数与次序

让孩子数数不仅是为了让他了解数量的多少，也是为了让他明白数量变化的次序。“1，2，3，4，5”，“3”跟在“2”的后面，“5”跟在“4”的后面，这就是次序。如果孩子在数数的过程中既感知了数与量的关系，又熟练地掌握了数的次序，就能理解“1 + 2”就是在一根手指的基础上再加两根手指，也就是3根手指，这是通过数数、理解数的次序而学会的加法，是自然感悟、自主学习的过程，不用刷题，也不用记忆加法算式，而是从视觉和动手操作的过程中理解的。

如图2-1所示，孩子先从掰手指数数玩起，数的时间长了，把两只手的10根手指都数清楚之后，就可以引入标记或符号了。所谓标记，就是当摆出2根手指、看到2个梨时，把这样的数量记为“2”这个数字；当摆出3根手指、看到3根香蕉时，把这样的数量记为“3”；当看到4根手指或4块积木时，就记为“4”，依此类推。只有把清点与数量以及数量变化的次序相联系时，才能真正在孩子的大脑中建立起对数量的感觉，从而形成数感。

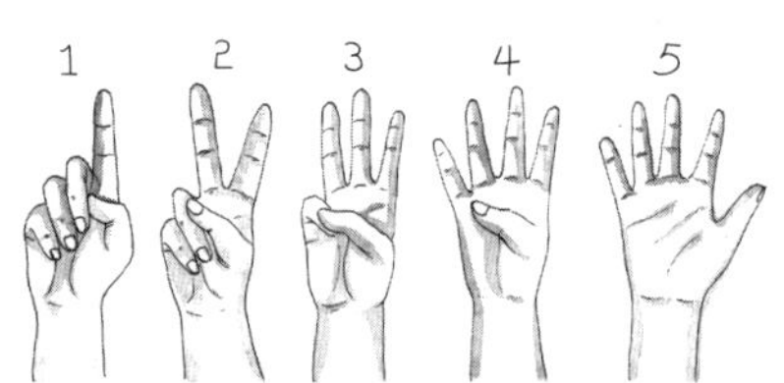

图2-1 掰手指数数

家庭数感王国的建立，就是在家里与孩子的动态参与过程中，让孩子体会到数量在生活中无处不在，数量变化不仅具有实际意义，还有无穷的趣味性。

走路长个儿

游戏编码：1-2-04

重要性等级：★★★

没有哪个妈妈不盼着自家孩子长个儿的，不求长到姚明那么高，至少也要超过孩儿他爹一头吧。但是只有好妈妈知道，调动孩子的自主性，让孩子自己也希望长个儿才更关键。好妈妈还有一个心思，那就是要让孩子不仅长个儿，还必须长脑子，要变得有智慧、有自主意识。

这样一来，就有了“走路长个儿”这个游戏，玩的过程中，数感有了，清点对应数字的数量也有了。用的就是简单的乐高积木，居然还能玩出数学的核心。厉害的不是孙老师，而是每一位读者，每一个愿意当好妈妈的你。

材料准备

- 棋盘模板，如图 2-2 所示。
- 乐高人仔积木 2 ～ 3 个，方块积木若干块。
- 色子 1 个。

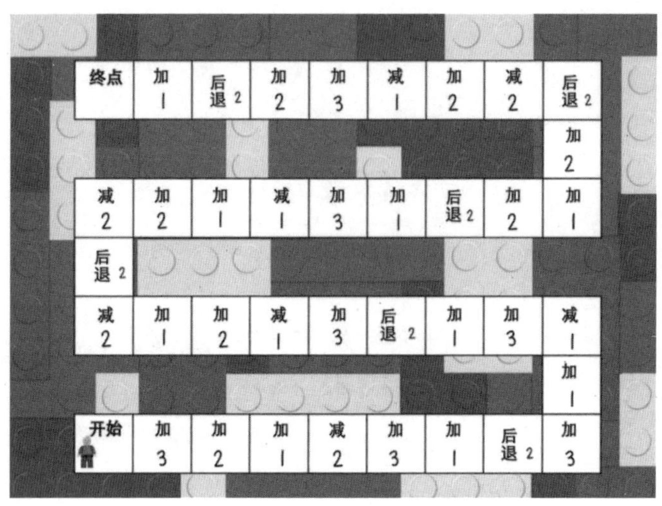

图 2-2　棋盘模板

游戏玩法

1. 这是一个 2 ～ 3 人的游戏，每个人选择一个自己喜欢的乐高人仔和 5 块积木，把它们摞在一起，拼成柱状作为小人仔的原始身高。

2. 掷色子，谁的点数最大，谁先开局。

3. 轮流掷色子，决定自己的乐高人仔在棋盘上要走几步。

4. 按照格子中的提示，增加或减少相应的积木块数，让乐高人仔的身高发生变化：人仔有时能长个儿，但有时也会变矮。

5. 有两种取胜的方法，可以跟孩子事先约定好：先到终点者胜，或者身高最高者胜。

游戏目的

- 练习数量的清点。
- 加法与减法的具象化展现：积木数量的增加与减少。
- 理解数量变化的实际意义：身高的变化、游戏的输赢。

- 感知事物可以被量化：积木数量多与少的量化、迈步步数的量化、身高的量化。

变化与扩展

1. 增加色子数量，比如使用 2 个色子。
2. 加大棋盘中数字的难度，比如加入“4”“5”“6”，甚至“8”“9”。

要点提示

◎ **素材一定要丰富多样。**

有色子，有乐高积木，有对身高变化的期待和竞争性，有互动参与的欢乐，丰富的素材能够充分调动孩了的积极性。

◎ **在动态的变化中，不断调用孩子的视觉、听觉、触觉进行清点和计算。**

辨认色子点数、迈步时数出步数、动手操作增加或减少积木的块数、在具体的情景中理解加法和减法的意思、看到积木增减后小人仔身高变化的直观效果……这整个过程，全是孩子主动参与的，他们自然乐在其中。

◎ **不可预测感激发的趣味性。**

掷色子是随机的，结果不可预测；小人仔迈步后会遇到什么指令，也不可预测。未知感、参与感激发兴趣，具象场景中的数量变化培养数感，多重指令、多感官调用刺激智力发育。

玩过这个游戏的孩子变化非常大，这不是我说的，而是很多好妈妈一起聊天时反馈说的：孩子爱玩，每一次都能准确说出要加上或减去几块积木，而且随时都能比较出人仔高矮的不同，还能说出相差多少。

这样的活动不仅给孩子植入了长个子的意识，而且还培养了孩子的数感，对数量和数字的直接关联形成了永久的认识。

往返 100

游戏编码：1-2-05

重要性等级：★★★

孩子认知数量，一开始能认知到 3，超过 3 以后，他们就觉得很多了，这是他们最初对数量的感觉以及对数字的认识。接着孩子能认知到 5，人的一只手有 5 根手指，超过 5，那就是很多了。之后孩子继续扩充认知，能够认知到 10，一旦突破了对 10 的认知，那就是两位数的飞跃了。如果能够早一点为孩子引入三位数的概念，即 100，让孩子参与与之相关的活动，不断熟悉，那就等于为孩子铺垫了一层厚实的数感意识。

但是要怎么做呢？肯定不能依靠让孩子数数数到 100 这样的做法，这是枯燥、无趣的，不符合儿童大脑发育的规律。好妈妈的做法是，从一张图表开始，并不教孩子认数字，也不教孩子数数数到 100，而是通过游戏的规则，调动起孩子想赢的心态，激发孩子的兴趣，让他愿意积极参与。孩子在玩的过程中熟悉了规则，后来突然有一天发现，那个规则，不就是数学吗？

好妈妈在家中根本不用教孩子，而是用活动和游戏，在孩子渴望参与的目光中实现最终的目的，让孩子自发成长，智慧聪明。

材料准备

- 百数图 1 张，当作棋盘，如图 2-3 所示。
- 乐高彩色积木块 2 ～ 3 个，当作棋子。
- 色子 1 个。

1	2	3	4	5	6	7	8	9	10
11	12	13	14	15	16	17	18	19	20
21	22	23	24	25	26	27	28	29	30
31	32	33	34	35	36	37	38	39	40
41	42	43	44	45	46	47	48	49	50
51	52	53	54	55	56	57	58	59	60
61	62	63	64	65	66	67	68	69	70
71	72	73	74	75	76	77	78	79	80
81	82	83	84	85	86	87	88	89	90
91	92	93	94	95	96	97	98	99	100

图 2-3　百数图

游戏玩法

1. 这是一个 2 ～ 3 人参与的游戏，每个人先分别选择自己喜欢的乐高积木作为棋子。

2. 以棋盘上的“1”为起点轮流掷色子，色子的点数决定棋子前进的步数。

3. 如果棋子位于临近“100”的格子时，色子掷出的点数过大，超过了到达“100”所需的步数，则走到“100”后需要再往回折返。先将棋子落在“100”者获胜。

比如，当棋子位于“98”时，色子的点数为 5，也就是前进加折返一共 5

步，棋子要这么走：99，100，99，98，97，棋子落在“97”上。如果棋子位于“98”时，色子的点数恰巧为 2，则这个棋子首先到达 100，获胜。

游戏目的

- 理解数的次序与数量变化的关系：正向与反向、增加与减少。
- 感受加法的抽象表达和具象展现，连接抽象与具象。面对棋盘的时候，孩子在视觉上只能看到百数图上的数，不能直观地看到数量（抽象）；下棋时，孩子看到的是色子上具象化的点数，然后用棋子一步一步地迈进，随着步数增加，产生数量变化（具象）。

变化与扩展

1. 增加色子的数量，由 1 个增加为 2 个或 3 个。进入“90”以上的区域后，可以自由选择使用色子的个数。在提升加法难度的同时，也增加了往返过程的趣味性、灵活性和策略性。

2. 改变方向，将 100 作为起点，仍使用 1 个色子，用倒数的方式游戏，让孩子感知数量递增和递减的顺序规律，为孩子理解减法的本质做铺垫。

3. 如果孩子年龄较小，对于 30 左右的数量、数量与数的对应还不熟悉，可以将百数图的棋盘换成 1 ～ 30 或者 1 ～ 40 的格子棋盘，首先帮助孩子熟悉、感悟、理解这个数量范围，然后逐步扩大数量范围。

要点提示

◎ **激发孩子的主动性，拒绝被动。**

凭空数数，数到 100，这样做只有听觉上的激活，没有视觉上的感受，是非常枯燥的事情，孩子只是单纯、被动地在调动记忆力。通过游戏，让孩子从棋盘上、色子上、下棋迈步的过程中看到数，感受数量、数量的变化，在想要玩、想要赢的自我目的性的驱使下，不断地玩，这个过程本身，就是在不断地学习。

◎ **与孩子讨论颜色，挑选各自最喜欢的颜色的积木作为棋子。**

可跟孩子说："我最喜欢蓝色，我想用蓝色的积木当棋子。"这是自我意识、自我表达的培养，通过点滴小事融教育于游戏和生活。

◎ **循序渐进地增加游戏难度。**

先从1个色子玩起，逐渐增加到2个、3个色子，将一个高难度的大台阶拆分成易于迈上的小台阶，让孩子每一步都能站稳，每走一步都有信心，而不是急于迈大步，提高难度，让孩子失去兴趣。

◎ **不要灌输知识，不讲抽象术语。**

不需要跟孩子直接讲"这是加法""那是减法"，就是单纯地玩游戏，一起数色子上的点数，在棋盘上一步一步地迈进，这是最基本，也是最接近本质的拆解。本质，通常不是直接干讲就能讲明白的，而是通过反复操作、不断揣摩，最终自己悟出来的。这种感悟是深刻、持久的，是最底层、最坚实的理解地基。

形状涂色

游戏编码：1-2-06

重要性等级：★★★

自然界中，颜色最丰富的季节就是春季。春季以暖色为主，阳光形成的橙黄，大地回暖后的土黄，叶芽的嫩绿，天空的清亮透彻，都是激活视觉的好素材，将在外界看到的颜色用自己手中的笔涂画出来，这是多么好的主意啊！好妈妈能够将每一个好的想法都落实到非常具体的细节上，涂色活动不仅能培养孩子对颜色的感觉，还能锻炼孩子手部的精细动作以及握笔的姿势，涂色的时候不能越界、不能混色，这些都是智力的综合开发。

材料准备

- 形状涂色模板，如图 2-4 所示。
- 彩色笔。

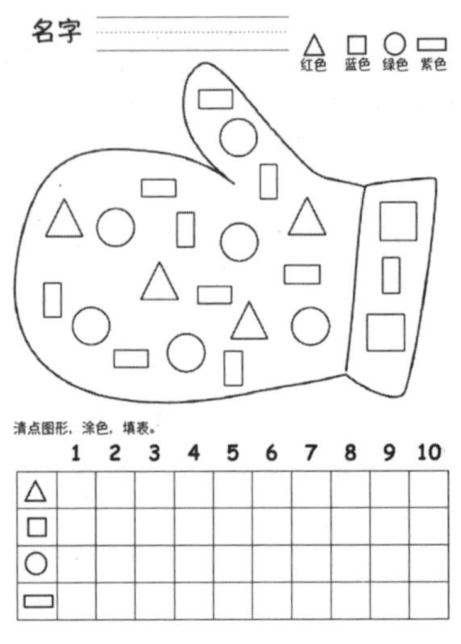

图 2-4　形状涂色模板

游戏玩法

1. 先让孩子在模板上写上自己的名字，然后给名字旁边的几个“图例”涂上颜色。

2. 对应着图例上的颜色，给图中的各种形状分别涂上相应的颜色。

3. 清点各种形状的数量，填写下面的表格。

4. 同一个模板，每隔一两天可以重复填写一次。

游戏目的

- 认识、熟悉、分辨常见的形状和颜色。
- 练习对不同形状和颜色的图标进行清点，需要先分辨，有一定的挑战性。
- 感受“量”的本质。在模板的设计上可以有多种不同的形状，这些形状可以是散乱摆放的，也可以是排列整齐的，数量可以相等，也可以不等。

- 手眼配合用笔涂色，锻炼手部精细动作。

变化与扩展

1. 涂色模板给出的是手套的样式，你也可以变化为炒菜锅的样式，或者一栋楼房的样式，模板造型应该是孩子平时可以经常看到的。

2. 模板上的几何图形也可以变化，这个手套涂色模板中给出了 4 种不同的几何图形，你可以增加到 6 种，同时就要增加 2 种颜色。可以给孩子购买多色的彩色笔，给孩子提供多种颜色选择。涂色这项活动是重要的视觉激活按钮，同时训练了手部精细动作，而配合清点不同几何图形的数量，打下了数感的基础，还帮助孩子形成了对图形的感觉。

要点提示

◎ **模板上一定要写上孩子的大名，不要写乳名。**

孩子年龄小，不会书写时，父母可以代写，也可以把字写得大一点，让孩子自己描。

◎ **不要纠正、评判孩子。**

父母不要在意孩子涂色涂得好不好、是否均匀、是否在边界内。涂色的意义在于好玩、有意思，在于让孩子在自我驱动之下不断练习，而不在于结果。

父母也不要太在意孩子的清点结果是否正确，是不是数着数着就乱了，或者重复计数了。把孩子连续几次填好的模板对比回顾一下，看看他清点的数量是否一致，如果不一致，可以跟孩子一起研究为什么不一致，用孩子不反感、易于接受的方式向他展示灵活的验算和检查方法。慢慢地，他就能掌握这样的方法了。

◎ **游戏要有规则，有约束，告诉孩子，想玩、想赢就要按照规则来，再好玩的游戏，每天也只能玩 15 分钟。**

每天给智力的种子施肥、浇水，需要点滴坚持，不要期待浇几次水，种子马上就发芽，不能一想起来就拼命灌水，想不起来就好多天不管，那样的话，智力的种子不是受涝就是受旱。

好妈妈总能领会得非常到位，有时候带孩子出去，与朋友一起吃饭时，随手就拿出一张事先打印好的涂色模板，掏出彩色笔让孩子涂，孩子喜欢涂，也不会再打断大人的交谈，而是专注地涂色。等待食物上桌的过程中，往往就涂好了一张。

专注地涂色，不仅培养了孩子在喧闹环境中的专注忘我，训练了用手控制笔的精细动作，还提高了孩子对颜色的感受和手眼协调能力。“孩子的未来在妈妈的用心”，这句话说得真没错。妈妈的用心就体现在一张又一张的白纸上，孩子把它们涂成彩色，那真的就是儿童智力的蓝图，是未来人才的图谱。

好妈妈，都能够做到。

第3章

与自己有关的数学

“好朋友”是一个社会概念词汇。孩子在上幼儿园以后会渐渐知道，与自己打交道的除了爸爸妈妈、老师和其他比自己大的成年人之外，还有同龄人，他们具有跟他同样的能力。同样的能力指的是，这些人不负责他的吃喝拉撒睡，而他也不负责这些人的吃喝拉撒睡，他跟这些人有很多的相似性：相似的认知、相似的身高、相似的吃饭穿衣能力……当孩子一下子面对十来个与他相似的人时，肯定会出现更愿意跟其中某一个人或某几个人待在一起的情况，这时大人会告诉他，这叫朋友。

除家中大人以外，孩子最初认识的社会化对象就是同龄人。在孩子社会化的过程中，社会化情感的建立也是通过朋友完成的。大多数孩子在四五岁时，脑海里对“朋友”这个词就有了一些概念，他们都能意识到朋友是可靠的，可以一起玩。孩子在学习与同龄人交朋友的同时，能不能意识到也可以把数字当作朋友呢？尤其是那些跟他自己有关的、具有实际意义的数字？

好朋友通过一起玩来加深了解，增进感情。和数字成为好朋友，也是通过玩，而且在家中就能实现，那就先从与自己有关的数字玩起吧。

我的数字

游戏编码：1-3-07

重要性等级：★★★

材料准备

- “我的数字”模板，如图 3-1 所示。

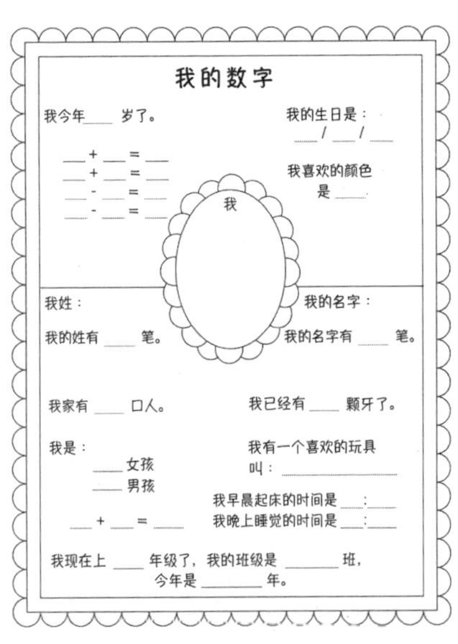

我的数字

我今年____岁了。

我的生日是：
____/____/____

___ + ___ = ___
___ + ___ = ___
___ - ___ = ___
___ - ___ = ___

我喜欢的颜色是____.

我

我姓：

我的名字：

我的姓有____笔。

我的名字有____笔。

我家有____口人。

我已经有____颗牙了。

我是：
____女孩
____男孩

我有一个喜欢的玩具叫：__________

我早晨起床的时间是___:___
我晚上睡觉的时间是___:___

___ + ___ = ___

我现在上____年级了，我的班级是____班，
今年是______年。

图 3-1 “我的数字”模板

游戏玩法

1. 父母和孩子每人一张模板，相约一起填写。

2. 模板没有标准答案，父母可以为孩子示范自己的思考和填写过程，照片可以贴入提前冲印好的，也可以自己画。

3. 这是父母和孩子共同的游戏，每天都要分别填写，坚持两个星期以上，父母和孩子分别选出其中一张，粘贴在家中自己喜欢的位置。

游戏目的

- 理解与自己有关的数字所代表的实际意义，对它们产生敏感性、关联感。
- 培养对数字的熟悉感、亲切感，愿意反复思考、琢磨。

变化与扩展

1. 当孩子在场时，父母可以询问家中老人或者其他小朋友的爸爸妈妈与他们有关的数字，观察孩子的反应：是否有兴趣把关于自己的数字告诉对方，并一起讨论这些数字？是否出现模仿行为，也开始留意与身边人有关的数字？是否会去“采访”老师或小朋友关于数字的问题？

2. 和孩子互换，父母填写孩子的模板，让孩子填写父母的模板，留意孩子对与父母有关的数字的熟悉感。

3. 在年历上把全家人的生日标出来，算一算家人之间的生日相差几年零几个月零几天。跟孩子一起讨论与生日有关的趣事、印象深刻的事，用本子记录下来，如图 3-2 所示。

4. 跟孩子玩对暗号的游戏，约定一个暗号，可以是家人的生日，也可以自由设定。大人进入孩子房间时需要先敲门，然后对暗号；孩子进入大人的卧室也需要先敲门，然后对暗号。

姓名	生日	生日相差时间	和生日有关的事情
陈力（爸爸）	1986 年 3 月 3 日	•陈力比张虹大：1 年 5 个月零 4 天 •陈力比陈家旭大：26 年 10 个月零 6 天 •张虹比陈家旭大：25 年 5 个月零 2 天	•我的生日非常好记，有两个数字 3，更神奇的是，组成年、月、日的 6 个数字加在一起，等于 30 •我记得过 7 岁生日时，爸爸允许我自己开易拉罐饮料喝，我很高兴，拿着易拉罐又蹦又跳，结果一拉拉环，饮料喷了我一脸。拉环我舍不得扔，拿在手里玩了半天，一不小心还把手指划破一个小口子 •17 岁生日那天不是周末，我跟家里说想把生日改在周末过，和同学约在一起出去玩，爸爸妈妈同意了。那是我第一次没跟父母一起庆祝生日，也不准备吃蛋糕了，没想到晚上回家，爸爸妈妈从冰箱里拿出一小块长方形的蛋糕，说不管大小，吃上一点都是一种仪式和祝福，于是我们一起分享了那块小蛋糕。那是我过生日时吃过的最小的蛋糕，但仍然非常开心
张虹（妈妈）	1987 年 8 月 7 日		•据说我出生的那天下了一场雷阵雨，雨停后，天上出现了美丽的彩虹，所以我妈妈就给我起名叫“虹” •立秋的节气在每年 8 月 7 日至 9 日之间，是秋季的起点。立秋意味着炎热的天气会慢慢变得凉爽 •每一个生日我都觉得非常开心，但印象最深的生日有两个。一个是 1999 年过 12 岁生日时，爸爸妈妈给我买了一辆我期待已久的自行车。另一个是 2017 年过 30 岁生日时，4 岁半的陈家旭小朋友亲自祝我生日快乐，喂我吃蛋糕，我觉得太幸福了
陈家旭	2013 年 1 月 9 日		•妈妈说我是清晨 6 点 35 分出生的，正好是太阳升起的时间，所以我的名字里有个“旭”字，意思是光明，以及太阳升起来的样子 •我的生日在冬天，很冷，我最喜欢去公园的冰场上滑冰 •我非常喜欢狗，爸爸妈妈说，等我 10 岁时，可以让我养一只狗

图 3-2　家人生日记录

要点提示

◎　**关注游戏的过程而不是填写结果的对错。**

不要让布置任务、要求照做、检查纠错这样的行为扼杀孩子的好奇、兴趣和快乐。要保护好孩子自我驱动的原始动力，学会是迟早的、必然的，而在自我驱动力之下学会的，才是灵活的、深刻的。

◎　**反复使用同一个模板，孩子喜欢熟悉感、把握感。**

在对模板和与自己相关的数字充分熟悉后，孩子会自发产生更多的探索。只要是以真正的“玩”的目的和姿态参与其中，反复使用同一个模板不仅不会枯燥，久而久之，还能让孩子有新的发现，给他们带来思考的快乐。玩是孩子的天性，把玩变得枯燥的，是玩法错误的父母，他们往往用急功近利、缺乏生活情趣的心把玩变成了“教”。

◎ **生活中与自己有关的事，最容易引起孩子的兴趣和好奇。**

与自己有关的事，不是书本上的术语，不是练习册中的题目，不是别人家的生活，而是和自己紧密联系的、发生在自己身上的事。这样的事，孩子才会觉得有兴趣，也就愿意花更多的时间和精力去关注。

尤其是生日，四位数的年份、一位或两位数的月份和日期，每一个数字都有实实在在的含义，只要父母稍加用心，就能引发出形式多样的有趣探索，激发孩子关注生活中无处不在的数字和数字的意义，等到上学时老师在课堂上一讲，孩子自然而然就融会贯通了。不是因为孩子有多聪明、学得多快，而是因为在课堂外、生活中，他已经在玩的过程中充分探索过了，对于课堂上的知识，他早已打下了坚实、丰富的生活“地基”。

孩子的自我意识有两种形成方式，一种是在同学之间形成，一种是在家庭中形成。在同学之间形成的自我意识通常是比较的结果，比来比去，相互趋同；而在家庭中形成的自我意识通常是个性发展的结果，孩子会形成明确的自我标示的方式，比如“我喜欢的颜色”“我喜欢的数字”，或者“我喜欢的歌曲”“我喜欢的地方”“我喜欢的食物”“我喜欢的物品”“我喜欢的汉字”“我喜欢的衣服”……正是这些“我喜欢的事情”，构成了一个人的自我意识，也就是构成一个人性格的基础成分。通过玩这个游戏，孩子会形成一种自己决定的感觉、自己主导的意识，这种自我状态的沉浸是对孩子人格的一种建设过程。

好妈妈清楚的是，一项活动，不单单是为了提升孩子的智力水平，而是与心理建设、精神培育一起进行的，这样，孩子的大脑发育才是全面的、完整的。好妈妈总是有办法，总是一箭双雕、事半功倍。

日历的旅程

游戏编码：1-3-08

重要性等级：★★★★

材料准备

- “日历的旅程”模板，如图 3-3 所示。

游戏玩法

1. 妈妈每日填写模板，如果孩子感兴趣，主动提出也想填写，就给他再准备一份，一起填写。

2. 左下方的罗盘用来标示风向，比如妈妈可以边念叨边画：“南风，就是从南边刮过来的风。”同时由南向北画出箭头。

3. 温度计用来标示一天之中的最高气温和最低气温，借助具象的图示，不会计算温差的孩子也能够指着刻度一格一格地数出温差，从而感知温差的概念。

4. 右下方是表情图标，可以圈出填写时的心情或者发生某件事时自己的心情。

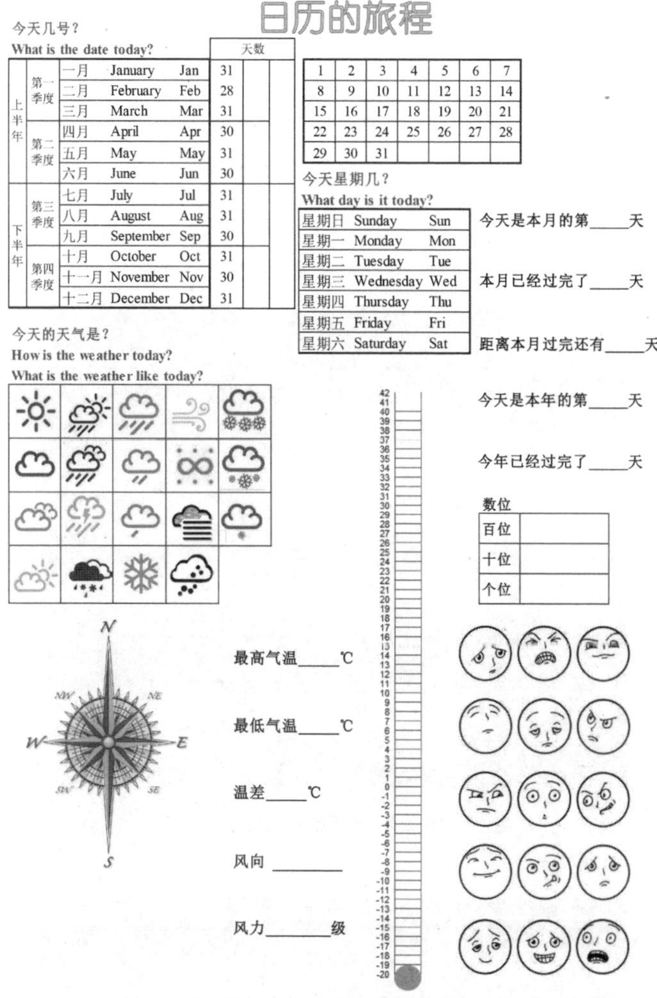

图 3-3　日历的旅程模板

游戏目的

- 熟悉日期、日历，感知数的顺序、规律。
- 留意每一天的开始、结束，感受时间的变化。
- 关注天气与生活的关系、日期与自己的关系。

变化与扩展

每日记录，相当于每日采集数据，连续记录一个月后，妈妈可以把这些原始数据汇总，借助模板，整理成天气情况汇总表、空气质量汇总表，如图 3-4、图 3-5 所示。

图标	含义		天数统计	
	晴	sunny / clear / fair	𝍸𝍸	10
	多云	cloudy	𝍸𝍸|||	13
	阴	overcast	𝍸	5
	晴转多云	clear to overcast / sunny interval			1
	阵雨	shower	||||	4
	阴转阵雨	overcast to shower		
	雷雨	thunderstorm / lightning storm	𝍸 ||	7
	雨夹雪	rain and snow / sleet		
	小雨	light rain / drizzle	||||	4
	中雨	moderate rain	|||	3
	大雨	heavy rain / downpour			1
	霜冻	frost		
	沙尘暴	sandstorm / dust		
	雾霾	haze / smog		
	雾	fog / foggy		
	小雪	light snow		
	中雪	moderate snow		
	大雪	heavy snow		
	冰雹	hail		

天数

0 1 2 3 4 5 6 7 8 9 10 11 12 13 14 15 16 17 18 19 20 21 22 23

图 3-4　天气情况汇总表

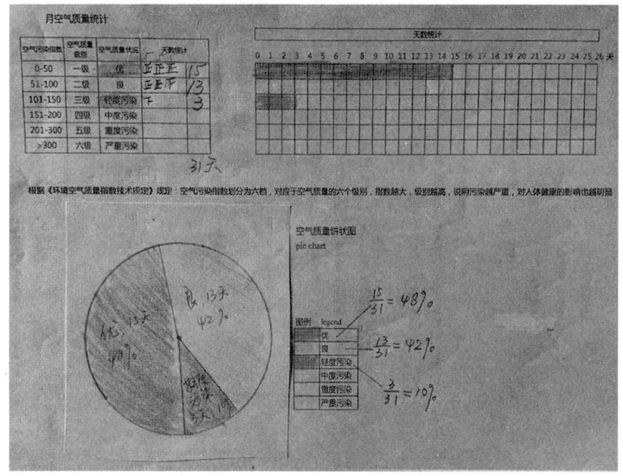
月空气质量统计

空气污染指数	空气质量级别	空气质量状况	天数统计	
0-50	一级	优	正正正	15
51-100	二级	良	正正下	13
101-150	三级	轻度污染	下	3
151-200	四级	中度污染		
201-300	五级	重度污染		
>300	六级	严重污染		

31天

天数统计

0 1 2 3 4 5 6 7 8 9 10 11 12 13 14 15 16 17 18 19 20 21 22 23 24 25 26 天

根据《环境空气质量指数技术规定》规定：空气污染指数划分为六档，对应于空气质量的六个级别，指数越大，级别越高，说明污染越严重，对人体健康的影响也越明显

空气质量饼状图

pie chart

图例 legend

优　良　轻度污染　中度污染　重度污染　严重污染

$\frac{15}{31}=48\%$

$\frac{13}{31}=42\%$

$\frac{3}{31}=10\%$

图 3-5　空气质量汇总表

在此基础上，妈妈可再根据汇总表进行数据的可视化呈现，即绘制气温变化折线图、天气情况条形图、空气质量条形图和饼图等，最后再简要分析数据图中的信息和趋势，并回顾当月的一些重要事件，形成一份月度天气小报告，如图 3-6 所示。

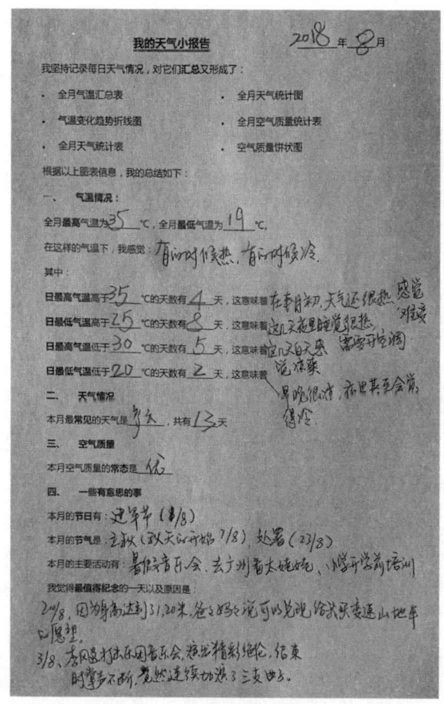

我的天气小报告　　2018 年 8 月

我坚持记录每日天气情况，对它们汇总又形成了：

- 全月气温汇总表
- 全月天气统计图
- 气温变化趋势折线图
- 全月空气质量统计表
- 全月天气统计表
- 空气质量饼状图

根据以上图表信息，我的总结如下：

一、　气温情况：

全月最高气温为 35 ℃，全月最低气温为 19 ℃。

在这样的气温下，我感觉：有的时候热，有的时候冷。

其中：

日最高气温高于 35 ℃的天数有 4 天，这意味着在本月初，天气还很热，感觉难受

日最低气温高于 25 ℃的天数有 8 天，这意味着这几天夜里睡觉很热，需要开空调

日最高气温低于 30 ℃的天数有 5 天，这意味着这几天白天感觉凉爽

日最低气温低于 20 ℃的天数有 2 天，这意味着早晚很凉，夜里甚至会觉得冷

二、　天气情况

本月最常见的天气是多云，共有 13 天

三、　空气质量

本月空气质量的常态是优

四、　一些有意思的事

本月的节日有：建军节（1/8）

本月的节气是：立秋（秋天的开始 7/8），处暑（23/8）

本月的主要活动有：暑假音乐会、去广州看太姥姥、小学开学前培训

我觉得最值得纪念的一天以及原因是：

24/8，因为身高达到 1.20 米，爸爸妈妈说可以兑现给我买变速山地车的愿望。

3/8、李凤霞打击乐团音乐会，演出精彩绝伦，结束时掌声不断，竟然连续加演了三支曲子。

图 3-6　当月天气小报告

要点提示

◎　不要苛求孩子做到完美。这项活动的主要目的不是让孩子填写得准确无误，而是让其从具体的事情上看到妈妈是如何坚持的，在耳濡目染中汲取成长的营养。

计算涂色

游戏编码：1-3-09

重要性等级：★★★★

材料准备

- 计算涂色模板，如图 3-7 所示。
- 水彩笔。
- 色子 1 个。

游戏玩法

1. 由孩子自己选择涂画哪个模板，或者通过掷色子的方式选出相应编号的模板。

2. 对于三四岁的孩子，父母可以和孩子共同填充涂色，一人涂一个区域，轮流进行；对于大一些的孩子，可以自己独立完成。

图 3-7　计算涂色模板

游戏目的

- 以趣味化的方式熟悉计算。
- 练习手眼配合能力和精细动作。
- 体会“代换”的含义：计算结果与颜色的匹配、代换。

变化与扩展

1. 活动中涉及的数字等式运算，可以根据孩子的年龄和能力进行变化，慢慢由一位数的加减乘除运算变成两位数与一位数、两位数与两位数，甚至包含三位数的加减乘除运算。

2. 涂的颜色可以增加，也可以由孩子自己选择涂什么颜色。重要的是，涂色活动不仅可以在家中进行，也可以在外出的时候进行，比如父母排队等候的时候，让孩子自己涂色，或者外出就餐，等待的时候，可以与孩子一起做涂色活动。这样的活动，就是融在日常生活之中的有教育意义的活动。

要点提示

◎ **通过游戏，把提高计算能力由外部任务转变为内在动机。**

孩子想要完成整幅图画的这种自我目的性，会激励他主动完成计算任务，这时，他不再是为了完成作业而计算、为了“学会”计算而计算、为了不挨批评而计算、为了计算而计算，而是为了满足自己的好奇心，为了想看看画完后整张图的样子而计算。于是计算就只是整个过程中的一环，只是自然而然地被利用上，为自己所用、为自己服务的一个工具和手段。孩子不仅愿意参与，还乐在其中。

◎ **不要用刷题来替代游戏。**

在相同的时间内，刷题的方式或许能让孩子多做几道题，而相比之下，这种游戏的方式似乎成果出得慢了一些，但其背后的深远意义、长远作用却是刷题不能相比的。未来人才的核心能力，绝不是用单位时间内的刷题量、计件工作完成量来衡量的，而是在内在的兴趣、快乐、激情驱动下的持之以恒的学习能力、不随波逐流的独立思辨能力，以及旺盛的创造力。

◎ **用具象方式为孩子提前铺垫“等量代换”的抽象概念。**

“等量代换”在小学三年级就会涉及，面对这样抽象的概念，很多缺乏实际生活联系能力的孩子会感到有些犯蒙。活动中并不需要为孩子解释等量代换的定义，因为术语解释对增进孩子的理解没有太大帮助，关键是要让孩子在生活中、在与自己密切相关的具象事情中不断感受这个概念，理解它的实际意义。

游戏中的颜色与计算结果的匹配、替换就是在体会代换的初级形式，对于年龄小的孩子来说，难度也不大，经常玩一玩，非常有利于促进他们对代换概念的理解。

◎ **根据孩子当下的能力水平选择难度，而不要以孩子是否学过来判断。**

年龄小的孩子可以暂时不使用带有乘法的模板，只用含有加法、减法的模板。不必在意孩子是否“学过”减法。什么叫“学过”？在学校里听过、老师讲过才算是“学过”吗？仅仅把课堂学习当学习，而对生活中的学习素材视而不见，恰恰是很多孩子高分低能、会做题会考试但不会解决实际问题的原因。

不要以“是否学过”来限制孩子，在生活中、游戏中随时随地都是学习。不需要给孩子解释“减法”这个术语，看到“5−2”时，只需要借助孩子正在使用的水彩笔，在他面前摆出5支，一边操作一边说：“你这里有5支笔，我拿走了2支，你还剩几支？”

时刻谨记，依托具象事物，采用视觉对应和动手操作的方法，孩子才易于理解。通过这样的方式，在吃饺子、分筷子、数扣子等日常事件中，让孩子深入地理解减法。

第4章

手指激发的智力活动

数感，是对数量多少的感觉。在家中，每当孩子听到数字的发音时，最好能让他看到相应数量的实物，并用数字符号与实物对应起来。孩子发现听到的数字发音与看到的实物和符号总是一致时，就会不断感悟数字与数量的关系。

手指，是孩子自带的趣味化数学工具。所谓十指连心，每根手指都连着大脑，掰手指、数手指不仅能清点数量，也是对大脑皮层的不断刺激，这是具有积极作用的大脑体操。父母需要想办法推动孩子玩手指，让他对自己的手指感兴趣。

数手指，既是在感知数量，也是在感悟加法。加法的本质，是快速地清点。比如已经有 2 根手指，再增加 3 根手指，一共是多少根？那就是在掰 2 根手指的基础上，再继续掰 3 根，于是数到了 5，所以是 5 根手指。

如果孩子经常对着实物做清点，那么当他清点得熟练了，隐隐约约地感觉似乎可以加速了，好像摸着快速清点的窍门了，那么加法也就自然而然地学会了。这不是你“教”会的，也不是孩子“学”会的，而是在玩中、在生活中感悟到规律，孩子自己弄明白的。比如有些游戏需要用到 2 个色子，孩子掷出一个 2、一个 5，你问他一共有几个点。刚开始孩子需要指着点数一个一个地清点之后才能数出是 7 个，而当他不断地玩、不断地重复这样的操作之后，当他的感知达到足够大的量时，他就会摸索出快速的算法或捷径，不必再清点，就能直接说出是 7。

这不是被告诉、被要求记下的“$5+2=7$”，这是他自己亲手实践之后领悟到的。这种基于充分拆解、具象对应、慢速探索、自主感悟所形成的理解是鲜活而深刻的，在这样的过程中掌握的规律、发现的捷径是令人惊喜、令人自豪、令人满足的，这种美好的感受是孩子快乐和学习动力的源泉，能够激励他想方设法地运用自己的收获和发现，孜孜不倦地持续思考和探索。

手指猜猜看

游戏编码：1-4-10

重要性等级：★★★

当我们的眼睛看着自己的手指时，手指的伸缩就相当于给大脑传递了一个视觉信号，大脑看见了 2 根手指、3 根手指、4 根手指，大脑中的视觉中枢指挥手指活动，而手指的活动再把信号传递到大脑，这样来回互动传递信号，就促进了大脑皮层的发育，也增加了手指的灵活性。这是一种信号的识别、加工以及由信号带来用途的过程，这是当今脑神经科学研究前沿的一部分。

因此，我们在家里可以多陪着孩子玩手指游戏，不论是清点过程中使用手指计数，还是计算简单加法时借助手指算数，都会直接刺激神经中枢，并集中脑力活动作用在眼睛和手指上。这是 6 岁以前刺激大脑活动的最好方式。

材料准备

- 制作抓阄材料：准备 10 张大纸条，其中 2 张留白，剩下 8 张随机写上 30 以内的数，并把 10 张纸条都折好。
- 十几块乐高积木，用于记分。

游戏玩法

1. 首先和孩子一起熟悉手指游戏的规则：伸出自己的左手，用右手来数左手的手指，数到 5 之后原路折返，接着数（见图 4-1）。

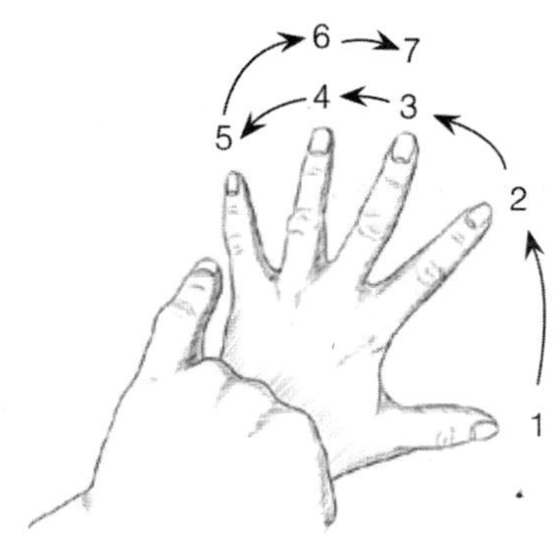

图 4-1　数手指

2. 然后从折好的纸条中抓阄，念出纸条上的数，通过以上数手指的方式找到该数应该落在哪根手指上。以下是积分规则。

- 如果数对了，可以从乐高积木中拿 1 块，为自己积 1 分。
- 如果能直接猜出抽中的数字落在哪根手指上，则得 2 分。
- 数错、猜错、抽到空白纸条，都不得分。
- 使用过的纸条不再放回。

3. 双方轮流抓阄直到所有纸条用完，最后计算各自得分，得分高者胜。

游戏目的

- 充分熟悉自己随身携带的数学工具——手指，激发孩子对 10 根手指的兴趣。

- 培养数手指的习惯，通过手、眼、脑的互动促进孩子大脑皮层的发育。
- 通过趣味手指游戏，感悟变化的规律。

变化与扩展

1. 平时可以经常跟孩子玩此游戏，把 30 以内的数玩熟以后，可以扩展至 50 以内的数，观察孩子对规律的感悟情况。

2. 和孩子一起画完整的示意图，展示数手指的过程（见图 4-2）。

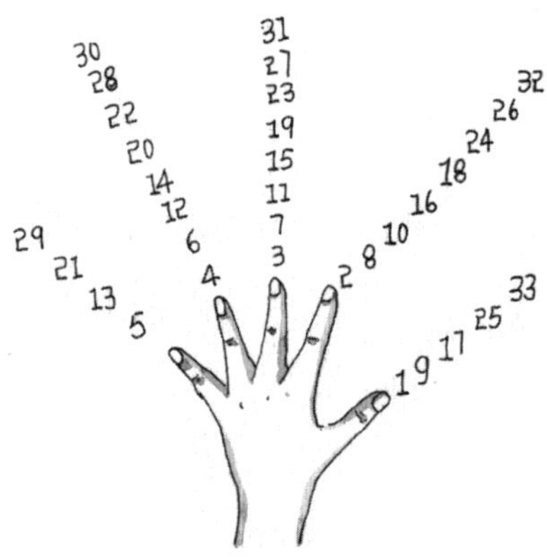

图 4-2　数手指的示意图

要点提示

◎ **不必多做，重在坚持。**

这样的游戏，每天只需要和孩子一起花几分钟时间就能完成，不在于一天玩很长时间，而在于每天都玩。

◎ **不要把规律直接告诉孩子，也不要一上来就给孩子画完整的示意图，这样就剥夺了孩子自由探索、自主学习、收获快乐的机会。**

别想一步看出答案，也别耍小聪明，还是要从看似“最笨、最慢、最费事”的一根一根数手指做起。即使玩了很多次孩子也没有发现规律，也要耐心地继续享受玩的过程。感悟和发现规律的过程远比仅仅知道这条规律重要得多。

种子的萌发需要时间，看不出任何变化的静默期并不是白白浪费时间的可有可无，而是在为萌发积聚养分和力量。只有充分尊重这个过程，不功利急躁，不投机减省，才能夯实孩子的智力地基，培养更深入的思维。

手指乘法

游戏编码：1-4-11

重要性等级：★★★

手指游戏不需要额外的道具，随时随地都能玩。父母不要把它当成立竿见影的操作，而是要用“养花”的心态和孩子共同探索，激发孩子由兴趣而引发的自主学习的行为。

所谓“养花”的心态，就是坚信花会按照自己的节奏开放，因而可以淡定地把注意力集中在自己身上，专注于自己应该做的事和能做的事，每天点滴浇灌，细水长流，持之以恒，而不是把期待全都放在花身上，给予过度关注，希望它每一天都能有明显变化，稍加浇水、施肥就希望花冲自己微笑甚至感谢自己。有的人不尊重花的成长规律，不接受“花开有时”的自然定律，甚至担心花不会开，于是猛施肥、狠浇水，恨不得今天浇水明天开花，好实现自己的期待，安抚自己的焦虑，满足跟别人横向对比时的虚荣心。这样做，就算花真的开了，也不自然、不美丽，只会很快凋零。

材料准备

- 人人都有的 10 根手指。

游戏玩法

当孩子开始学习乘法时，父母可以为其示范用手指算乘法的玩法，尤其是“×9”的乘法口诀，最多、最不好记，可以利用摆弄手指这个自带的“工具”去验证自己的计算，快速又神奇。

比如“4×9”，展开双手，手心向下，从左手小指开始数到 4，弯下第 4 根手指。在这根弯下手指的左边有 3 根伸直的手指，右边有 6 根伸直的手指，所以 4×9 的结果就是 36，如图 4-3 所示。

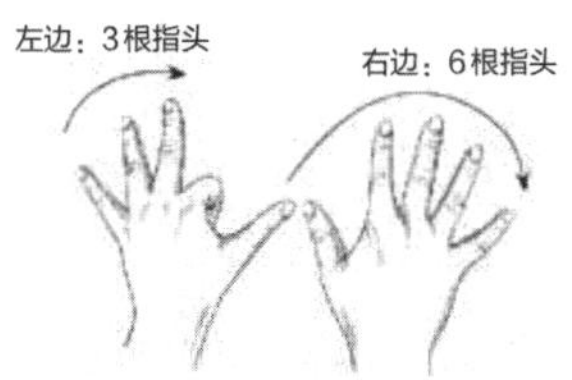

图 4-3　手指乘法示意

再试一个“7×9”，从左手小指开始数到 7，弯下第 7 根手指。在这根弯下的手指的左边有 6 根伸直的手指，右边有 3 根伸直的手指，所以 7×9 的结果就是 63。

游戏目的

- 心、手、脑相连，用手指促进脑细胞的发育和活跃。
- 激发孩子的学习兴趣。
- 降低孩子学习新知识时的恐惧感。
- 体会做同一件事情的不同方法。

变化与扩展

等孩子把“×9”的手指乘法玩熟以后，可以教孩子“×8”的玩法。比如“4×8”，从左手小指开始数到4，弯下第4根手指，然后再接着弯下4根手指。这时左侧有3根伸直的手指，右侧有2根伸直的手指，所以4×8的结果就是32。

再比如7×8，从左手小指开始数到第7根手指，弯下第7根手指，然后要接着再弯下7根手指，但右手只剩下3根手指了，还差4根手指需要弯下。左侧伸直的有6根手指，是60，减去还应该弯下的4根手指，所以7×8的结果就是：60 − 4 = 56。

要点提示

◎ **注意循序渐进。**

一定等孩子把“×9”的手指乘法掌握得相当熟练以后，再尝试“×8”的手指乘法。

◎ **细水长流，重在坚持。**

每天就玩5分钟，因为还有明天，还有下次，养花要科学。

◎ **以玩的心态琢磨、探索，不要让孩子背套路。**

猜秘密数

游戏编码：1-4-12

重要性等级：★★★

材料准备

- 百数图 1 张。
- 两种颜色的乐高积木各 21 块。
- 色子 1 个。

游戏玩法

1. 这是一个两人游戏，各自选择自己喜欢的乐高积木，每人 21 块。

2. 首轮用掷色子点数的方式决定双方角色：点数大的一方先设“秘密数”，点数小的一方猜测“秘密数”，猜中之后角色互换。

3. 设置“秘密数”的一方要用笔在手心写下 1 到 100 之间的某一个数，竖起大拇指微微握拳不让对方看到，通过比手势的方式，拇指向上或向下（见图 4-4），提示对方猜的数是大于还是小于自己所写的数，以此来引导对方继续猜测。被猜中时，摊开手掌，展示自己写的数。

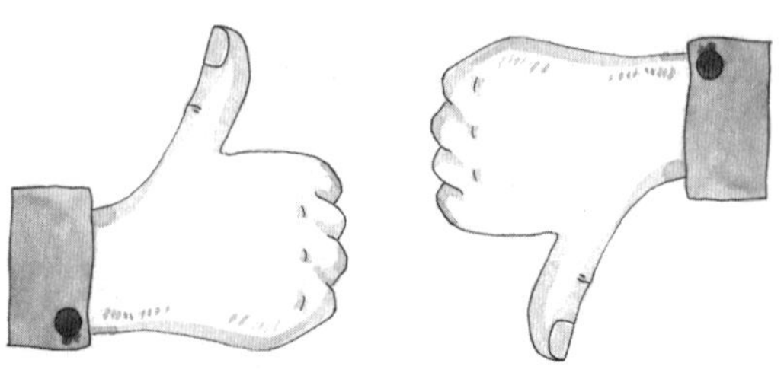

图 4-4 比手势提示

4. 猜测数的一方，猜哪个数，就用一块乐高积木放在百数图相应的数字上，直至猜中，用掉的乐高积木全部归设置“秘密数”的一方所有，一局之内不能重复使用。

5. 猜中后交换角色，继续游戏。乐高积木先用完的一方为输。

游戏目的

- 理解数的次序和大小的含义。
- 体会“猜”的随机性和策略性。

变化与扩展

对于年龄较小的孩子，可以先从 10 以内的数字玩起，并逐渐扩大范围至 20，30，40，…最后再使用百数图。

要点提示

◎ **无论是让孩子做设置“秘密数”的一方还是做猜测数的一方，对于感知数的次序与规律，都能得到远胜于做题的效果。**

手心的数与猜的数，谁与谁比，谁大谁小，如何给出手势、解读手势，对于游戏的双方都是练习，都需要非常专注、不断思考。一局游戏中多次练习了数的比大小，这对感知数的次序与规律的效果要远胜于做题。

◎　**每轮猜测都要用纸、笔做记录。**

用纸、笔做记录，是一个视觉显化思考和猜测的过程，对提升思维能力来说，是一个非常好的方法。

◎　**猜测数，既有随机的过程也有策略性。**

开局从哪个数猜起、根据对方手势的提示每次增减多少数量、如何保护自己的 21 块积木等，都是开动脑筋的过程。带一张纸、一支笔、一袋积木，出门也可以随时玩。

春季是万物复苏的季节，对孩子来说，也是视觉激发的好时候。随着气温的回升，冰雪消融，大地回春，绿色的植物、彩色的花朵、蓝色的天空、洁白的云朵，都回到了视线中。

春天，孩子的视觉能够直接感受到的就是植物。植物的生长依靠的是阳光、雨露和风。看到植物在地面上的变化是容易的，看不到的是植物在地下的部分。阳光的每一次照射都会促进植物叶子的生长，同时也会刺激植物根部的生长，使其逐渐变得粗壮；每一次风吹过，无论大小，都会影响植物根部的生长方向；每一次雨水从天而降，也都会激发植物根部向松软潮湿的深层伸展。看不到的根部的生长才是真正让植物变得扎实的基础性成长，就像孩子真正的成长发生在大脑中，是大人们不太容易看到的一样。如同树木需要阳光、雨露和风一样，孩子的大脑需要来自听觉、视觉和触觉三个通路的滋养。这些养分会直接导致大脑内神经元的连接和髓鞘的形成，让它们拉长、变得粗壮。这些都是脑神经科学揭示出来的人类大脑发育的细节。

在家庭中开展的各种活动，对孩子来说，就像树木在春季感受到的那些环境变化。在家庭中，父母为孩子营造的听觉环境、视觉环境，以及身体感受到的空间环境，都是为孩子的大脑成长提供所需营养的重要组成部分。它们的作用是学校课堂教学无法提供的，是通过知识教育难以完成的。学校塑造的主要是知识人，而家庭成就的是全面的人，是有文化的、觉醒的独立人。

是不是好妈妈，不是体现在有没有“兢兢业业”地送孩子在各个补习班中穿梭，而是体现在有没有在家庭中落实科学的活动，让孩子在耳濡目染、不知不觉中形成大脑认识、思维习惯，以及积极、独立、自主的精神。

春季的活动讲完了，但并没有结束，所有的活动都可以一直持续做下去，随时都可以重复去做。接着，就是夏季的到来。温度升高，植物的生长开始了与春季不同的方式，家庭教育也是如此，有了不同的样子。

Math
Taught
by
Mum

第二部分

SUMMER

夏季：在生活常识中铺垫科学思维

第5章

温度：动手理解生命

夏季是春季之后的季节，是一年之中生命力最旺盛的阶段。对孩子来说，夏天穿的衣服少了，身体负担减轻了，身体的皮肤可以直接与外界接触了，于是整个大脑都被调动了起来，这时候就更需要动动手、活动活动肢体了。在全身活动的过程中，孩子不仅要让自己的大脑协调平衡，还要调动双手，同时还要灵活调整两条腿来适应自己的重心。

这是一个让人动起来的季节。好妈妈，不会浪费这样的季节，所有带孩子一起做的活动，都能激发孩子身体和智力的同步发展。

夏天这一部分的所有活动都内容丰富、涵盖广泛，涉及生活的方方面面。尤其是那些与我们密切相关的、每天都会接触的数字、数量，是孩子认识世界、认识自己、理解生命的入口，同时也为其今后的学习做好了铺垫。

- 理解温度，铺垫了初一将要学习的正负数。
- 理解体重，铺垫了物理学中的基本概念。
- 理解身高，铺垫了长度的概念，也为以后理解速度概念打下了基础。

- **理解心跳，是认知生命的启蒙。**

这些都是我们身边的概念，是生活中的数学，天天都用得上。数学，就在我们身边。

动手理解生命，关键词是“动”。孩子都好动，“动”是他们感知周围世界的方式。国外很多学校不会硬性要求 12 岁以下的孩子整节课都老老实实地坐着不动、双臂整齐划一地平放在桌子上或者双手背后，当然，他们也有自己的课堂纪律，比如不能离开教室、不能大声说话等，但课堂组织形式更为自由宽松，孩子们可以用自己喜欢的姿势听课，很多课程甚至允许孩子们在教室里自由走动。至于如何让孩子们在动的过程中，还能理解课堂上所讲的内容，那是老师的本事。

如果用约束和限制的方式，让孩子连续 40 分钟刻意地保持身体不动，这样做看起来可以让孩子不受干扰地专心听课，但实际上控制身体保持不动这个行为本身就需要占用孩子大量的大脑资源。他们的认知资源本来就有限，被大量占用后，只剩下一部分能够被用在学习上，相当于还没使用就先被挤占了一部分，对于宝贵的认知资源来说，这是多么奢侈的浪费啊！

家长无法改变老师的做法，这是需要面对的现实，但父母至少可以改变在家中的做法，给孩子营造家中的数学环境——这绝不仅仅是学习数学，更是融合了脑科学、认知发展心理学、教育心理学等学科的知识，通过切实可行的做法，在家中为孩子营建生态优化的成长环境、学习氛围，打牢智力地基。

手感和温度

游戏编码：2-5-13

重要性等级：★★★★★

材料准备

- 测量范围为 -20℃～100℃的温度计 3 支。
- 为 3 支温度计分别贴上 A，B，C 的标签，以作区分。
- 计时器。
- 体温计，建议选用非电子体温计。

游戏玩法

1. 带孩子用手直接感受不同温度的触感，比如洗澡水的冷热，冰箱里的水果、蔬菜、冷饮等，以及阳光下或日落后的窗台、空调的出风口、冬天的暖气片、吹风机吹出的冷热风，等等。

2. 将 3 支温度计分别放置在不同的环境中，观察它们的读数是否一致。比如将 3 支温度计分别放置在室温状态下、冰箱的冷藏室和冷冻室中；或者接 3 杯水，可以是自来水、凉水壶中的白开水或饮水机中未加热的水、保温壶中的热水、烧开后放置不久的开水、加入冰块的冷水……将 3 支温度计分别放入杯中。

3. 观察 3 支温度计分别放置在不同的环境中的读数情况。

4. 计时观察。在杯中放入温度计和适量的水，将水温记录下来，加入适量冰块后，开始计时，每隔 3 分钟观察一次温度，并记录下来。

5. 测一测生活中的水温。如果家中有电热水器，在洗澡前打开电热水器，然后让孩子每隔几分钟观察、记录洗澡水烧到多少摄氏度，夏天和冬天的洗澡水分别是多少摄氏度。去游泳馆游泳时，也可以带孩子留意公示的泳池水温。

6. 很多塑料餐具、水杯都会在底部或外包装上注明适用温度，可以带孩子留意具体数值，了解那是什么意思。

游戏目的

- 体会手对温度的感觉，感受温度与生活的关系。
- 感知温度的动态变化。
- 了解日常生活中测量温度的方法以及温度变化的过程。
- 能结合自身、结合具体场景解释温度数值的意义。

变化与扩展

1. 从用手感知冷热、手动操作温度计这个具体物品，转变为纸面操作，带孩子理解温度计示意图及箭头的含义，使用彩色温度计不同区间的颜色给相应的温度数字卡涂色，如图 5-1 所示。

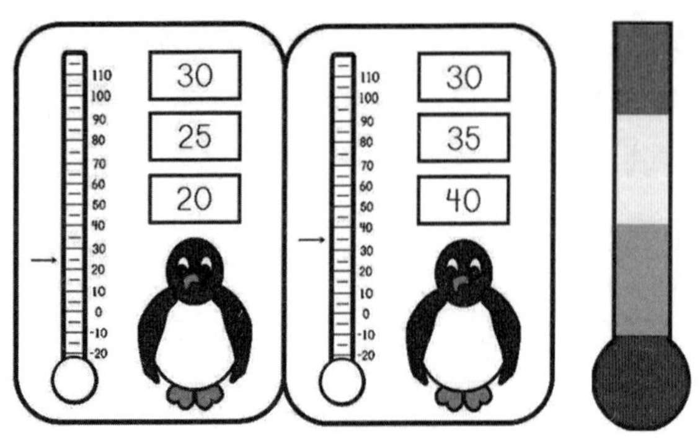

图 5-1　温度涂色

2. 认识生活中的各种温度，进而聚焦“体温”这个具有生命意义的温度。可以测量家人起床时、睡觉前、运动后的体温，和孩子一起讨论体温的范围。如果家中有非电子式体温计（见图 5-2），还可以和孩子一起观察体温计最低温度和最高温度的刻度分别是多少，并与温度计相比较。发烧时，每 4 小时或 6 小时跟孩子一起测量体温情况，做好记录。

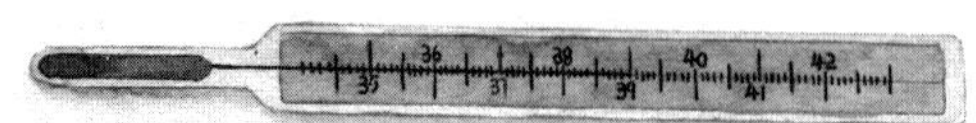

图 5-2　非电子式体温计

要点提示

◎ **对温度的感知，可以来自手上感觉的变化，也可以来自身体感觉的变化，这些有趣的过程让孩子喜欢参与，而这些活动给孩子带来了丰富的体验和感受。**

手里拿着冰块、用手摸温水、轻触一下热水，这些都是用手感知温度的活动；洗热水澡时放一些凉水、冬天和夏天在户外的感觉、发高烧时身体滚烫的感觉，这些都是身体感知温度的活动。结合这些亲身体验，再对温度计进行观察，孩子不仅会看到温度计里的液体柱缓慢升降的细微变化，而且这种变化还是可以被自己的双手控制的，比如把温度计放入冷水或热水中时，孩子心中会带着一定的预期，这时再来观察温度计的变化是否符合预期，一定会留下深刻的印象。

这种富于变化的活动，不断调动着孩子大脑中的 3 个区域：视觉区域、触觉区域，以及大脑指挥手进行微调的精细操作区域。孩子的注意力不断被动态的细节所吸引，这是孩子在不知不觉的自然状态下对专注力的最好练习。

◎　不是任务，不是作业，是有趣的活动、是游戏。

用手感知温度，用温度计测量温度，每天 5 分钟，孩子会慢慢形成一个习惯，一旦用手摸到不同温度的东西，就会与曾经的丰富经验、脑海中已经产生的这些印象联系起来，也会自主地产生愿意测量、愿意量化的习惯，遇到没有测量过的事物，就想去量一量，而在量的同时，孩子心中是带着预期的，他们会用温度计的读数结果和心中的预期去对应、去比较，加深对这个事物的认识，加深对概念的理解。

一次又一次的活动在孩子的大脑皮层中留下了一层又一层的痕迹，在不知不觉间，孩子的感知会慢慢变得丰富、深厚，大脑中神经元的联结慢慢变得广泛、迅速，动作慢慢变得熟练、标准，习惯也变得主动、自然而然。在这样的活动中，孩子生成的是智慧，这是看书、刷题、听课所无法带来的。

◎　兴趣引导、手动实践、视觉观察、反复参与，这些是孩子认识事物的关键过程。

学校课堂因受到学生人数、老师精力、上课时间、课程大纲、教学进度等各方面的限制，无法根据每一个孩子的情况调整进度，更无法做到充分拆解、不断重复。如果孩子在家中没有机会通过玩的方式体验，第一次接触是通过上课的方式听老师讲解：“这个刻度是20℃，这个刻度是10℃，这里是0℃，0℃以下就是零下……”就算孩子能听懂每一个字的发音、记下书中的图片和要点，也很难形成直观的感受，更无法构建对概念的深刻理解。

◎ 经常观察和测量体温，孩子会渐渐理解“正常范围”不是一个确切的数字，而是一个可变的范围，在一定的数值范围内都算正常。

对于气温，每一天的温差可以是4℃，也可以达到20℃。但是对于体温，正常的变化范围却很小，如果体温从36.5℃升到38.5℃，那么人马上就会觉得不舒服。人体十分精妙，能够自动维持正常体温。体温是一个重要的生命指标，孩子在成长过程中会不断接触到，结合发烧生病的经验，孩子会逐渐形成自己的深入认识。

◎ 以养花的心态为孩子每日点滴浇灌。

这些活动确实需要投入一些时间，但很多父母常常一边说自己没有时间，一边却把大量时间消磨在追剧、刷手机、网购、晒图、打游戏上，要么就是貌似投入了大量精力学习育儿，看了很多鸡汤式、说教式、鸡血式、贩卖焦虑式的碎片化内容，乍一看似乎有些道理，看完却感到更加困惑和迷茫。因为这些内容里没有具体可行的做法，看过后他们仍然不知道怎么在日常生活中一步一步地实现，最后只能跟风报班，花钱安放自己的焦虑，最后钱花了、时间耗费了，却并没有解决根本问题。

天气小记

游戏编码：2-5-14

重要性等级：★★★★

材料准备

● 天气小记模板，如图 5-3 所示。

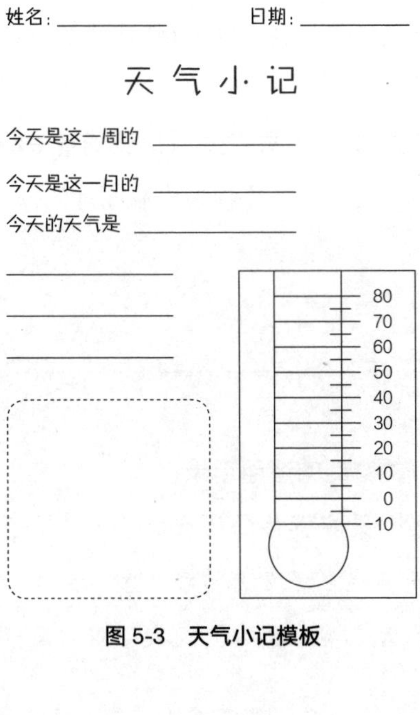

姓名：__________　　　日期：__________

天气小记

今天是这一周的 __________

今天是这一月的 __________

今天的天气是 __________

80
70
60
50
40
30
20
10
0
-10

图 5-3　天气小记模板

游戏玩法

1. 妈妈每日记录当日的天气情况、对天气的感受，以及当天的衣着及用品，比如遮阳伞、墨镜、雨伞、雨衣等。

2. 写下不同天气情况下自己的心情，自己最喜欢的天气、气温及原因。

3. 和孩子一同讨论各自最喜欢的天气、气温等。

游戏目的

- 感受气温与生活中衣、食、住、行的关系。
- 运用气温指标，指导自己的生活行动。
- 觉察气温与心情的关系。

变化与扩展

1. 等孩子熟悉了游戏模板，就可以考虑增加涂色的部分了。当温度升高的时候，就开始涂暖色，从浅黄色、深黄色，最后到红色；当温度下降的时候，就开始涂冷色，可以从浅蓝色开始涂，最后到深蓝色。

2. 模板上温度计刻度的表示可以逐渐扩展到精确的数字，带有小数的部分，还可以参考真实的温度计，改变模板中温度计的样子，这些都是可以扩展的方向。

要点提示

◎ **一起做好关键词的运用记录。**

这些关键词是在具体的语言场景下，孩子结合了自己的真实感受用到的，而不是在课堂上学习认字和生词，学完后练习用生词造句，结果造半天也造不出来。我们可以放慢速度，跟孩子一起揣摩用词，由于结合了真实场景和真实感受，孩子会对这些关键词印象深刻。

◎ **在不同的温度和天气下表达自己的心情，以及感受自身产生的某种情绪，是将天气与生活关联了起来，能够培养孩子对自我感受的持续感知能力。**

情绪温度计

游戏编码：2-5-15

重要性等级：★★★

材料准备

- 情绪温度计模板，如图 5-4 所示。

图 5-4　情绪温度计

游戏玩法

在孩子在场的情况下，妈妈每天念叨自己的“情绪温度”。可以念叨当时的情绪，也可以念叨当天在某个场合或发生某件事时的情绪，在模板上写下情绪关键词，或用几句话来具体描述，并在情绪温度计的相应位置标示出来。

游戏目的

- 借助孩子已经熟悉的温度计的具象形式以及对冷暖凉热舒适程度的内在感觉，表达对情绪的正负向感知和自身的内在感受。
- 让孩子觉察到平时不太留意且不易表达的情绪以及与情绪相关的事件，并将其显化。

变化与扩展

与孩子讨论自己喜欢的和不喜欢的天气，以及在每种天气里的感受，尝试用天气来类比自己的心情。

要点提示

◎ 妈妈要熟悉表达情绪的词汇，比如从不高兴到生气、愤怒，再比如从欣慰、欣喜，到高兴、快乐、兴奋，并按程度不同排一排这些词汇的顺序。在这个过程中，孩子就学会了表达情绪的正确用词。

痛感指示器

游戏编码：2-5-16

重要性等级：★★

材料准备

- 痛感指示器模板，如图 5-5 所示。

游戏玩法

1. 当妈妈或孩子出现疼痛的感受时，借助痛感指示器模板，相互描述感受和疼痛指数，并记录下来。

2. 间隔 2 ～ 3 小时，再评估一下疼痛情况。

游戏目的

- 提升自我觉知能力。
- 促进语言表达能力的提高。
- 锻炼情绪调节能力，促进情绪的释放，提升情绪稳定度。

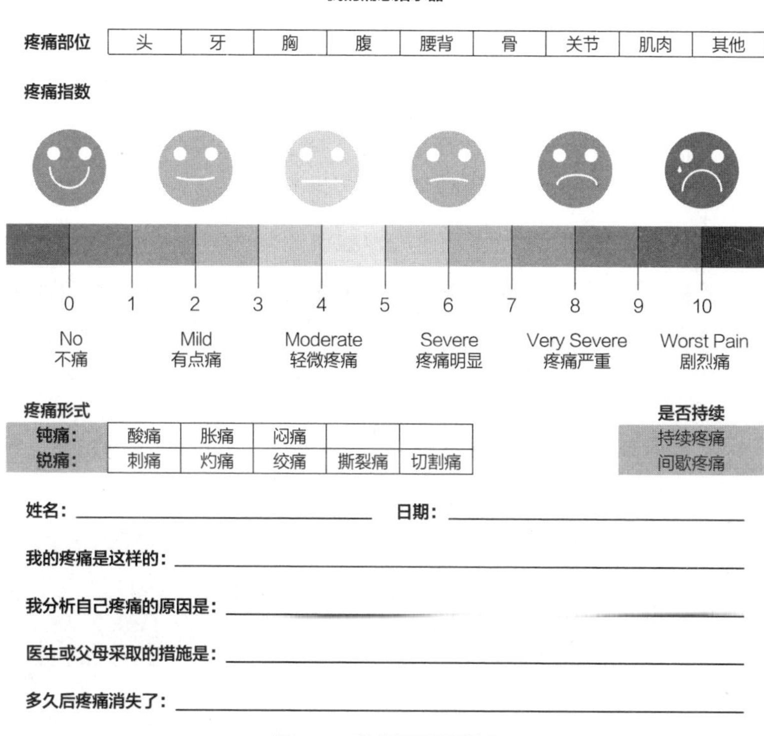

图 5-5　痛感指示器模板

变化与扩展

1. 等孩子熟悉了用数字表达痛感后，就可以进一步让孩子对其他平常的事情进行数字化的表达。比如“这部电影好看吗？”“这个游戏好玩吗？”“你喜欢这个老师吗？”这些问题都可以让孩子形成数字量化的标准，逐渐学会真正在大脑中将事物的等级用数字来表达。

2. 等孩子习惯了对自己的感受进行数字化的表达，就可以扩展到对心情进行数字化表达了，类似“高兴指数”，从欣慰到欣喜，再到高兴，再到开心，再到快乐，再到兴奋，心情愉悦的不同程度，也可以用数字量化的方式来表达。使用熟练后，就可以试着表达一道题的难度，并学会对平常的许多事情进行量化表达。

要点提示

◎ **当孩子因遭受疼痛而伤心哭泣时，最好的安抚不是“别哭了，一会儿就不疼了”，而是让孩子感受到父母能够理解和体会他的难受。**

这需要借助语言的表达和参照物来实现。用这样的方式，父母不仅能对孩子的痛苦感同身受，给他提供安抚，更能培养孩子的自我觉知能力和理性表达自己情感的能力。

◎ **通过疼痛指数的感觉体验，可以让孩子体会数字的意义，学会用数字表达一个程度的量，逐渐就形成了对抽象数量的感觉。**

这是非常重要的一项活动，通过对自己感受强烈的事情进行数字化的表达，孩子能学会一种量化的方式，并能够越来越习惯和自如地对其加以使用。

扫描观看视频演示

第6章

体重：感受生命的成长

在孩子成长的过程中，对他们影响最大的是身边的事物，因为这是他们从小到大通过自己的视觉看到的，通过自己的听觉听到的，通过自己的触觉感受到的。家里最常见的事物，也是妈妈最熟悉的事物。好妈妈知道怎么用身边这些最熟悉的事物来教育孩子。对孩子来说，熟悉的事物更容易在大脑中进行加工，他们也更容易围绕这个熟悉的事物展开大脑的活动，并配合听觉、视觉、触觉学到实用的知识。

如果孩子能够发现，家中这些事物里藏着“数”，这些“数”又跟自己有关系，那么这些“数”就会溶在孩子的血液里。在孩子0～3岁这一阶段，大脑中会形成对数量的感觉、对数的次序的认识；在3～6岁这一阶段，大脑中会形成对多少的感觉、对大小的感觉、对远近的感觉。这些“数”会不断地以各种形式出现在孩子的眼前，跟他们的身体产生关联，跟他们做出的动作产生关联，孩子的动作还会引发这些“数”的变化……这就是本章的活动关键：感受生命的成长。从自己体重的变化过程，体会到身体的发展和变化，这些发展和变化都可以看得到，可以通过数量的变化而在自己的大脑中形成认识。

当科学课走进小学课堂的时候，孩子根本就不知道科学的含义。这是一个抽象词汇，不是眼睛可以看见的。“科学”就是通过视觉观察、听觉倾听，配合触摸从而引发思考，接着把观察和思考到的东西结合在一起，再去还原，通过对其进行控制，让别人也能够观察到。这些过程都可以在生活中进行，从而帮助孩子培养一种习惯。而这取决于好妈妈在家庭中的布局，即在孩子大脑高速发育的阶段，为他提供这种视觉上能够看到的丰富影像——视觉形象、形状以及数字的变化，还有听觉上的、触觉上的各种变化。由此让孩子体会到，数字跟他的身体、他的感觉，跟他的一切都有关系，在这种关系的基础上，孩子的大脑就形成了对世界、对身边、对周围一切的认识，这种认识是一种科学思想。

好妈妈会为孩子营造一个家庭数学氛围，形成一个数感王国，将科学思想实实在在地植入孩子的意识，在孩子的大脑中构建伴随他一生的科学意识、科学习惯。在孩子看来，这个王国中有的是数字，代表多种多样的意思，有着多种用途，都与自己有关系，都能够看到、听到、摸到。

当孩子在幼儿园或学校学习认识“1，2，3”的时候，这些数字不在他的大脑感知范围内，那么他就感受不到这些数字跟自己有什么关系，因为孩子不知道它们意味着什么。营造氛围就是设计一些活动，让孩子在大脑里能够直接感受到这些数字跟他有关系。

我经常说，当你问：“孩子，你多大呀？”孩子回答：“我 3 岁了。”这个“3”是不是就是与他有关的数字？你再问：“明年你多大呀？”孩子回答：“4 岁。”这个“4”就是和他自己有关的数字。你还可以问：“你生日是几月几号啊？”“离你过 4 岁生日还有几天啊？”我就经常问小朋友一个问题：“你最喜欢什么数字？”因为我能回忆起来，在我小的时候，我的爸爸妈妈隔三岔五就会问我这样的问题。我最喜欢的数字是 7，因为我是 3 月 7 号出生的，3 和 7 加起来又是 10，因此 3 和 7 是好朋友，所有加起来是 10 的数字，都是一对儿，都是好朋友。这就是听觉的布局，即在听觉中将提到的数字发音与自己结合了起来，形成一种感觉。

我喜欢数字，我的大脑对数字的反应就是本能式的，我将这样的场景还原给妈妈们，是希望你们也能在家里为孩子创设这样一个场景，让孩子认识自己所拥有的“数力”，深刻理解数量的变化。

孩子的感受最先来自手，孩子天生就喜欢玩水，当他看到温度计上有刻度的时候，尤其是当看到温度计放到冷热不同的水里，温度计中液体柱指示的刻度就会发生变化的时候，孩子渐渐就能注意到那小小的细节，尽管液体柱的变化很微小，但是孩子一旦能观察到这微小的变化跟自己手上的触感变化相关，他的感受就跟数字有了关系。

在这个过程中，孩子大脑里的 3 个区域就会发出信号、相互联通，这 3 个区域就是视觉区域、触觉区域以及大脑中负责指挥手部精细动作的区域。这时，孩子的思考就是这 3 个区域联动带来的可视化的变化，孩子看到了温度计上数字的变化，手上感受到了水的冷热变化，这就是科学的观察，“变化”会驱动他去关注，而且最重要的是，对于由孩子自己的行为带来的“变化”，他会更加关注。

学校在引入物体的重量以及体重的概念时，没有足够的时间让每一个孩子在课堂上称一称物体的重量和自己的体重，仅仅通过书本和投影的图片讲解重量、重量的数值、重量的单位、单位的换算。孩子在课堂上能看懂图片，但是如果他在生活中没有充分的亲身体验，那么他对“重量”这个概念就是“无感”的，虽然他可能也会记忆、会计算，但他无法为其赋予丰富的生活意义，于是这个概念的建立就没有了根基。这种没有根基的概念在孩子的脑子里越积越多，久而久之，孩子就会变得会看书、会做题、会考试，但是无法在生活中运用，更不用说创新了。

退一步讲，就算是纸上谈兵、应付考试，任由根基不牢的概念堆砌起来，孩子也只会觉得越学越吃力，越学越被动，似乎每个概念老师都讲过，似乎每个概念自己都是理解的，但随着题目越来越深入、越来越复杂，孩子慢慢就觉得好像不会了，却又说不上来是哪个概念没有理解。

课堂上的教育过程，对孩子来说，多数是被动的。内容不是自己想学的，教学方式也不是自己喜欢的，涉及的知识也完全没有熟悉的感觉，就被动地形成了抽象的认识，这是一种记忆的学习方式。在家庭精心营造的氛围内，孩子是积极的，是主动的，他在熟悉的基础上自发自主去听、去看、去摸、去接受、去认识、去了解，在这个过程中形成了完整而深刻的认知，从而打下稳固的认知基础。

晾衣架天平

游戏编码：2-6-17

重要性等级：★★★

材料准备

- 晾衣架一个。
- 乐高大颗粒积木若干。
- 20 ~ 30 厘米的细绳两根，分别系在晾衣架的两端。

游戏玩法

1. 和孩子一起用手掂一掂家中的常用物品，感受、比较哪个重、哪个轻。

2. 通过在游乐场中玩跷跷板，感受家人的体重大小和重量的平衡，按体重大小给家人排序。

3. 制作简易的晾衣架天平：选两样物品分别固定在晾衣架的两侧，观察晾衣架的倾斜变化，记录比较的过程，如图 6-1 所示。

图 6-1　晾衣架天平

游戏目的

- 感知轻重的概念。
- 通过生活中最常见、最具象的物品来理解天平、平衡、重量相等的概念。
- 了解感知物品的重量既可以通过手感来大致判断和比较，又可以通过科学的测量方法进行量化、精确比较。
- 感知等量代换。

变化与扩展

1. 将晾衣架天平一侧的物品换成乐高积木。用两块乐高积木夹住细绳就能固定，增加乐高积木的数量使衣架慢慢平衡。

2. 记录平衡时每样物品所对应的乐高积木的数量。

3. 和孩子一起，给所测量的物品按照重量大小排序。

要点提示

◎　**做到科学地“循序渐进”。**

很多“鸡汤式”育儿书上经常提到“循序渐进”一词，乍一看似乎很有道理，但合上书仔细一想，却发现什么实质内容也没有。所谓的“序”是什么？什么样的做法是“循序”？什么样的速度才算是“渐进”而不是“快进”呢？比如孩子掌握重量的概念，循序渐进的做法应该是什么呢？

学习重量的概念，不应该先从读取数值和单位名称开始，而应该先让孩子用手感知、用手比较，不需要知道确切的数值，就能大致判断轻重，这是对“重量”这个概念最直接的感受。然后才是观看别人称重以及自己动手称重，感受量化的过程以及比较重量的数值。

因此，用手掂重量的过程不能省略，不仅不能省，反而需要多花时间跟孩子反复进行这样的互动，这是孩子通过视觉观察、动手操作，将“轻”“重”这两个抽象的词汇与具象的感受建立联系的过程，这样的联系建立得越充分，孩子对这种抽象词汇的实际意义、本质概念也就理解得越深刻，之后等到他脱离实物，看到纸面上比较轻重的题目时，如图 6-2 所示，他就能轻松地明白题意。

图 6-2　比较轻重的题目

记住，一定要等把用手掂重量、用晾衣架天平比较两种实物这些基础互动玩充分以后，再换成用乐高积木替代其中一种实物，跟另一种实物比较重量。

天平称重

游戏编码：2-6-18

重要性等级：★★★

材料准备

- 天平、砝码。
- 称重表格模板，如图 6-3 所示。

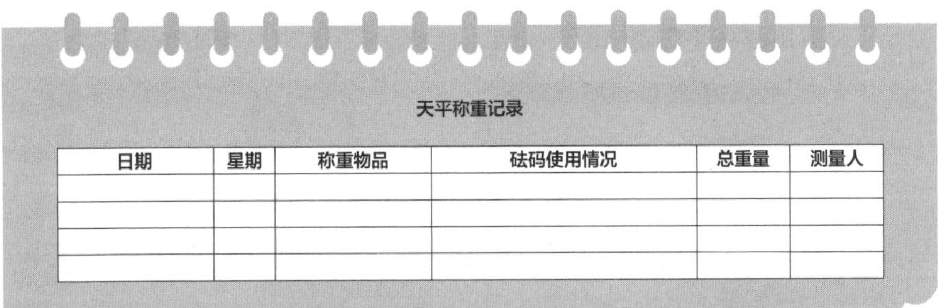

天平称重记录

日期	星期	称重物品	砝码使用情况	总重量	测量人

图 6-3 称重表格模板

游戏玩法

给家中常用物品称重，并一一记录下来。

游戏目的

- 熟悉天平、砝码以及给物品称重的过程。
- 通过操作砝码，感知固定重量，提升手感。
- 感知重量量化的过程。

变化与扩展

家庭中制作食物的过程，也会涉及称重活动。比如面粉要放多少，一个鸡蛋有多重，添加的盐的分量，以及加水的分量等，这些都可以让孩子操作，也可以做记录。如果父母在做菜的过程中需要参考制作说明，就会涉及不同食材的量，操作过程中，孩子会积极、兴奋地参与，也会对做出来的食品更有亲切感。这些都是称重活动能够给孩子带来的大脑中的感觉。

要点提示

◎ **建议带孩子用手掂重量、用晾衣架天平比较两种物品至少各玩一周，且称重和比较过 20 种以上的物品后，再尝试引入天平。**

天平，是将概念向抽象的方向又推进了一步，将原先晾衣架天平一侧的生活实物或乐高积木换为了标准化、通用化、工具化、具有固定重量的参照物：砝码。不断操作具有固定重量的砝码：20 克、50 克、100 克，能提升孩子的手感，让他对相应的重量有具体而深入的感觉。这种感觉能带来很多便利和乐趣，让孩子对重量的概念以及自己的能力心中有数，信心十足。

◎ **将科学和数学的内容相互交织。**

孩子第一次在课堂上接触天平一般是在小学阶段的科学课上。科学课和数学课的内容本应该紧密地交织在一起，但小学阶段的课程设置很难实现这一点。由于课时限制，老师在课堂上只能从认识工具、讲解操作要领的角度给孩子介绍天平，然后让孩子们操作几次，天平和称重的学习内容就算完成了，孩子们很难有机会开展真正意义上的循序渐进的学习，也没有充分的时间形成自己的体会和感悟。而在家里，一个天平、几组砝码可以让孩子玩上两三个月，反复操作称重过程，把生活中所有能称的物品都拿来称一称并记下重量，这便实现了让孩子循序渐进掌握概念的目的。

◎　**实现对物品属性融会贯通的了解。**

重量，是物品的基本属性之一。此外，物品还有形状、大小、材质等属性。孩子先通过视觉观察到物品的不同属性，再通过动手操作来体会手感，然后利用天平测量出精确的数值。他会慢慢发现，同样大小的物品，重量可能会有明显的差别，而大小悬殊的物品，重量可能差不多。这样一来，孩子就对物品的更多其他属性，如体积、密度等，有了朴素的认知，为之后的学习做好了铺垫，等到老师在课上讲到相应的概念和术语时，就能较轻松地理解。

◎　**通过兴趣，让孩子形成对知识的自信。**

孩子的兴趣，都是围绕着那些他充分参与、熟练掌握的事物生发出来的，对于自己熟悉的事物，他有自信。所以，当孩子对重量有了一定的手感和深入的理解时，就会对这个概念越来越有兴趣，越来越愿意参与和思考，这样的正向循环正是家庭布局可以促成的。

体重变变变

游戏编码：2-6-19

重要性等级：★★★★★

材料准备

- 体重秤。
- 体重记录表，如图 6-4 所示。

姓名：

日期	星期	早上			晚上		
		体重	称量时间	记录人	体重	称量时间	记录人

图 6-4　体重记录表

游戏玩法

1. 孩子在场的情况下，妈妈每天早、晚两次分别称量并记录下自己的体重。

2. 如果孩子要求参与，也记录下他的体重。

游戏目的

- 让孩子了解自己和家人的体重。
- 感受体重随着时间推移的变化，包括短期的变动以及长期的变化趋势。
- 体会不同称重工具的测量范围与精确度。

变化与扩展

1. 使用厨房里的电子秤对各种食材进行称重，感受厨房秤的灵敏和精确。

2. 充分开展以上活动至少 2 个月，之后可以尝试和孩子讨论天平、体重秤、厨房秤的异同，并将自己观察到的记录下来。比如：就算体重秤上的指针没有变化，也不等于没有重量的变化。

要点提示

◎ **向抽象的方向再推进一步。**

体重秤、厨房秤是生活中常用的称重工具，都是通过读取数值来得到结果的，不像天平通过左右平衡来称取重量那么直观。这是孩子在感知重量、体会量化过程中向抽象方向的又一步迈进。

◎ **每天坚持是妈妈的功课，不必强行要求孩子参与。**

每天称体重是妈妈要做的事，不是孩子的任务，不用提醒和要求孩子参与。不论孩子是否参与，妈妈都应该坚持每天称量并记录体重。

◎　**通过不断地称量和记录体重，让孩子感受动态变化的过程。**

在形象、具体的场景中，和孩子一起讨论引起体重变化的原因，才能让他深刻地理解“前后变化”“差别”“增重”“减轻”这些词的意思，为以后理解更加抽象的概念、术语、场景打下基础。

◎　**理解短期变动和长期变化趋势。**

体重的变化既有短期变动，又有长期变化趋势，这与我们的行为和生活方式密切相关。什么样的行为会导致体重在短期内改变，什么样的行为又能让体重有一个长期的变化趋势？这样的变化是否符合自己的愿望和预期？不断地称重、观察、思考，其实就是在帮孩子建立行为、预期和实际结果之间的因果联系，由短周期因果逐渐培养出长周期因果的理性思维过程，也是对自我意识、自主性的培养。

◎　**理解“看上去”没差别不等于真的没差别。**

称重测量这种量化过程，实际是将那些不够直观的变化显化了出来。孩子逐渐能够理解，有些变化虽然用肉眼看不出来，但能通过工具、通过测量、通过量化“看”出来。

◎　**让孩子理解表格的用法和好处。**

表格是信息的集成器，是直观、有序、精练地组织和展示信息的一种方式，不仅有利于传递和展现信息，也有助于分析和思考。

但现在很多成年人很抵触图表，很多人看不懂行、列所展示的信息，阅读时一遇到表格就直接跳过去，不愿意解读。之所以会这样，其中一个原因是他们在学校里和生活中没有充分接受和使用过图表，对图表感到陌生。如果孩子从小在各种与父母的互动活动中经常能见到父母使用表格，就会产生熟悉感，从熟悉到尝试使用再到熟练使用，一切都自然而然。在家中的活动，不仅要能培养孩子的数感，促进他们科学思维的发展，更要有丰富而深远的意义，这便是落在实处的素质教育。

实践分享：体重每天都不一样

从2017年10月底到12月，在孩子5岁半左右的这2个月里，我们经常称体重并做记录。最开始是我称，我念，我记，早晚各一次，有时在饭前，有时在饭后。

孩子看我称了几天，说他也要参与。于是我做了一张更大的表格，我们各自记录自己的体重。坚持记录了一段时间之后，有一次孩子指着表格嘀咕：“为什么今天早上我的体重比昨天早上轻了呢？轻了2千克呢。”

我凑过去看了一眼，说：“2千克大概有半个西瓜那么沉，你今天比昨天轻了这么多？”

孩子说：“是啊，你看，昨天是19.3千克，今天是19.1千克，相差2千克呢！”

我说：“哦，19是一样的，差别是19后面那个点之后的数字，那表示还不够1的数字，比1小的数字。0.3和0.1之间差了0.2，所以是轻了0.2千克。”

孩子说：“哦，对对对，我就是那个意思，但我说不好。”然后又问：“那为什么会不同呢？是我穿的衣服产生的差别吗？”

我说：“这真能产生差别吗？你试试看。”

于是孩子穿上厚大衣，体重秤上的读数果然变了，增加了0.2千克。他说：“对啊，昨天是穿好大衣称的，今天没穿大衣，那怪不得了。”

过了几天，孩子早上称重记录时，又说：“奇怪了，昨晚我是睡觉前穿着睡衣称的，现在我还穿着这身睡衣，衣服没有变，怎么读数又不一样了？”

我凑过去看了看说：“确实不一样了，我称称我的，我的读数基本没有变啊。那你的差在哪儿了？”

孩子想了半天，没有说话。

一连好几天，在称重记录时，他都会盯着读数看好久。突然有一天，他说：“我知道还有什么会造成差别了，是上厕所！我大便前和大便后，体重不一样，相差的重量是我拉的大便呢！”

我听完忍不住哈哈大笑，孩子却一本正经。

我说：“那你多留意几次，验证一下好不好？”

从那以后他会特别留意地在上厕所前和上厕所后分别称一下体重并记录下来，还得出结论，他的大便重量为0.1～0.2千克。

积累是孩子大脑发育的核心地基。体重，跟孩子有关，跟自己有关，跟全家有关，跟具体的感受有关。坚持一个月，就能发现规律。

如果我们把孩子比作花朵，比作一棵正在成长的树，不同的人有不同的做法。有的人平时也经常说“静待花开”，可他们只期待花开却不行动，花怎么会自己绽放呢？更可怕的是，有的人心急，只顾猛浇水，结果就是把花浇死……这些做法都很多见。对孩子来说，平日里的行为习惯才是真正的浇灌，而这些其实是大人首先应该做到的事。

很多爸爸妈妈经常问我：“老师，这个活动适合几岁的孩子？”你如果真的懂得儿童的发育规律，就知道孩子智慧的成长是不受年龄限制的。0～3岁，孩子的大脑高速发展，他可能不会主动参与活动，但是只要你做了，只要孩子在那里，只要他看到了，听到了，这些内容就会在他的脑海中变成一粒一粒的种子，早晚有一天会生根发芽。很多爸爸妈妈会说：“孩子还小，现在还早呢，等到4岁再说吧。”可是等到4岁，孩子大脑中的这块地已经封闭了，你的种子一粒都没种上。

妈妈们应该把握住机会，尤其是那些全职妈妈，你真的只管孩子的衣食住行吗？如果你的时间90%都分配给了孩子的衣食住行，那么孩子的大脑发育你还能顾上多少呢？孩子的大脑发育可不是你给他看几本书就可以的。孩子的大脑所吸收的，不是你像老师一样教给他的知识，而是你的表情、你所做的事情、你所说的语言。如果你注意观察就会发现，你在做事情的过程中漫不经心、自言自语地说出的那些话，孩子都在一旁听着呢，他能够看到你认真的样子，能够看到你做事情的次序、条理，甚至有时会纠正你的错误。你会不会感到好奇："他是怎么知道的？"因为你做了什么，孩子的大脑就刻下了什么。

这本书里讲的很多活动，都是孩子在3岁以前就可以开始进行的，这就是家庭布局，为孩子创造一个数感王国，这个王国在哪里？就在你的家里，是你给孩子创造了一个优生态的家庭，注意，不是原生态，而是优生态。你更需要在乎的是跟孩子在一起时的表情、行为、语言，这才是对孩子成长的精神浇灌，每天一点，日积月累，变成你的行为习惯。这样的点滴浇灌，才是对孩子成长的真正付出。

在把孩子的成长比喻为花朵生长的过程中，父母还容易不知不觉地走进一个误区，那就是期待立刻开花。"浇水了，也晒太阳了，倒是开花啊。"这种期待违背了发展的规律。即使人人都熟悉的莫扎特，在6岁前，也已经有了4000个小时与音乐有关的活动量了。不是每周2次、每次2个小时的小提琴课就可以做到的。这本书中的所有活动，都需要你有这种长期的意识，不要指望立刻有成效。如果你始终抱着这种立刻见效的期待，你就做不到经常做活动，也很难坚持下来。看不到立竿见影的效果，就容易失去希望，也就会每天浑浑噩噩、度日如年了。

不要"静待花开"，也不要急功近利。不要指望一切都来自孩子天生的聪颖，也不要指望下点猛药，孩子立刻就变成体育健将。冰冻三尺，非一日之寒；积土成山，非斯须之作。一切拼的都是执着、持久，点点滴滴、水滴石穿的功夫才能塑造卓越的大脑。

扫描观看视频演示

第7章

身高：感受生命的动态

好妈妈给孩子营造数学环境，强调的是从生活中感知科学、从游戏中增长智慧，更重要的是具体落实。对9岁以前的孩子来说，无论你想教他什么，都应该想一个办法，将教学内容变成动态的活动：孩子在动（动手操作），关注对象也在动（温度计液体柱的高低变化、晾衣架天平的左右平衡、体重秤的读数变化等）。在这些动态的活动中，孩子的“动”与关注对象的“动”会直接产生联系，这种联系又进一步吸引孩子的注意力，使其高度专注，孩子努力想弄明白是怎么回事的愿望会促进第三个“动”的自发产生，即动脑。

“三动”融合了视觉、听觉、触觉，再经过大脑的统合与思考，进一步指挥视觉、听觉、触觉的行为，这样的过程不仅能促进孩子对具体知识的学习，更是对其感觉统合的自然训练。

与自己有关的事情总能引发孩子的浓厚兴趣，除了姓名、生日、颜色、体温、体重之外，身高也是一个有趣的互动主题。

测量身高

游戏编码：2-7-20

重要性等级：★★★

材料准备

- 身高墙贴。
- 世界卫生组织发布的儿童身长 / 身高参照表，如图 7-1、图 7-2 所示。
- 我的身高记录模板，如图 7-3 所示。

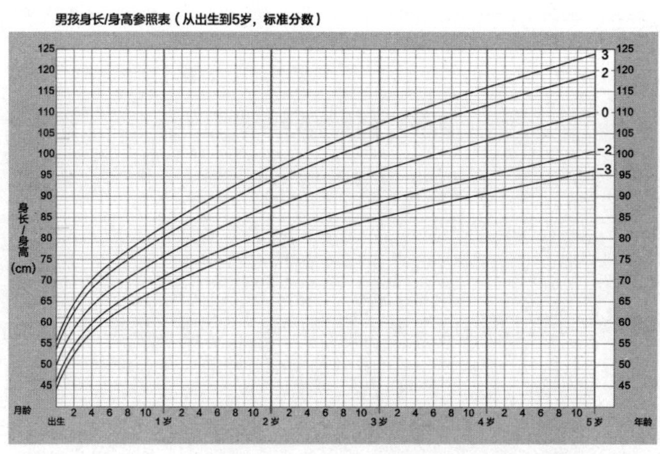

图 7-1　世界卫生组织发布的男孩身长 / 身高参照表

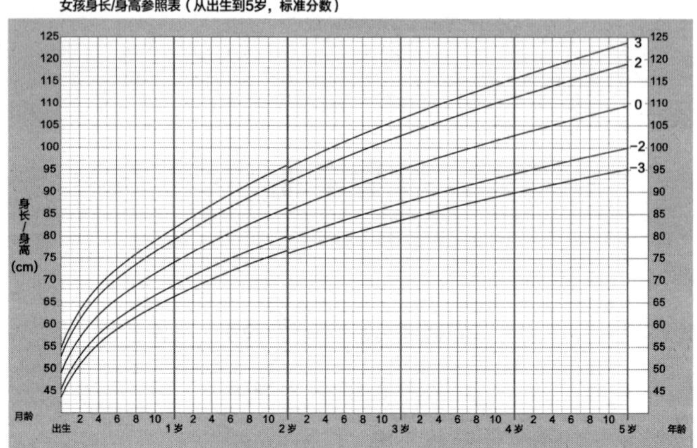

图 7-2　世界卫生组织发布的女孩身长 / 身高参照表

我的高度

姓名	日期	净身高	坐高	摸高

图 7-3　我的身高记录模版

游戏玩法

1. 建议在家中的门框或墙上贴上身高墙贴，可视化地记录孩子的成长。

2. 全家一起测量净身高。先脱鞋，然后脚后跟、后背、头都靠墙，将直尺轻放头顶，直尺平面与地面平行，视线与直尺齐平，直尺和墙贴刻度相交处即为净身高，如图 7-4 所示，用笔标注日期、姓名、身高。

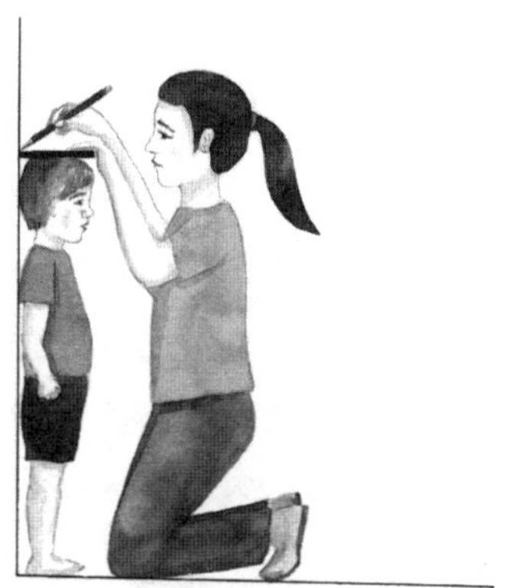

图 7-4　测量身高

3. 还可以测量坐高、摸高。每天都可以进行测量，然后记录在我的身高记录模板上。也可以观察早晚身高的变化，一般晚上会比早上刚起床时矮 1.5 ～ 2.5 厘米。

4. 根据记录的测量值，和孩子一起每两个月对照一次世界卫生组织发布的身高参照表。

游戏目的

- 熟悉测量身高的过程。
- 了解自己的身高。
- 感受成长和身高的变化。
- 通过身体接触、目光注视增进亲情。

变化与扩展

1. 如果每天都在同一时间测量孩子的净身高，短期内并不太会有肉眼可见的变化。更多的趣味来自变换花样的测量，比如静摸高、跳摸高等。

2. 静摸高：面朝墙上的身高贴，可以踮脚但不能跳起，尽量伸展、高举手臂到能摸到的最高位置，然后用笔标注下来，并写上姓名、日期、高度，如图7-5 所示。静摸高是航空公司挑选空乘人员时需要考核的一项指标。

3. 立定跳摸高：中指指尖蘸取一点酱油或颜料以便标记，面朝墙原地蹦高时指尖在能够摸到的最高位置轻触留下颜色，如图 7-6 所示。

4. 助跑跳摸高：这个活动在家中做比较危险，建议在户外没有障碍物的地方以树叶、树枝为目标，练习助跑跳摸高。

5. 静摸高和立定跳摸高，都可以左右手交替进行，看看哪只手能摸得更高、更顺手。

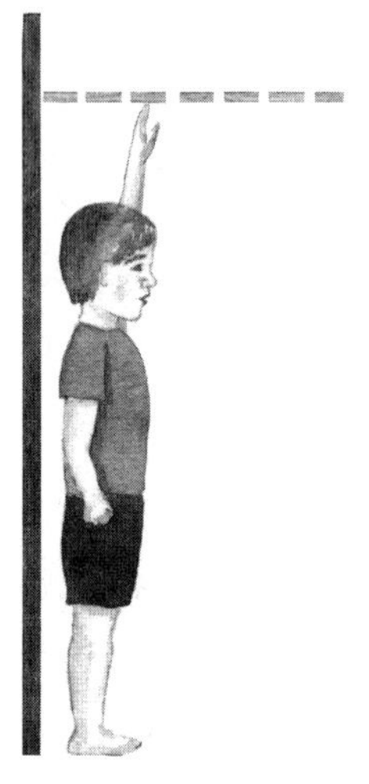

图 7-5　静摸高

图 7-6　立定跳摸高

要点提示

◎　让孩子在潜移默化中养成挺胸抬头的习惯。

父母经常跟孩子唠叨："挺胸抬头！"但是对于年龄偏小的孩子来说，这样的说教很空洞，父母很可能只是动动嘴，却从来没有给孩子具体示范过什么样的动作叫挺胸抬头，孩子也很可能真的拿捏不好"挺胸抬头"的姿势，于是经常出现父母提醒之后，孩子不是仰头过高，就是挺肚子或撅屁股，而父母往往又把孩子感知和控制身体姿态的能力不足理解为孩子态度有问题、和自己对着干。

而在测量身高的活动中，孩子能看到父母的行动，为了测得准，孩子会主动模仿伸展后背、挺胸抬头的姿势，背靠墙壁还提供了依托和辅助。经常进行这样的互动，就是在让孩子不断感知这种姿态，只有当他对这样的姿态充分熟悉了，才有可能自然地做出来。随着年龄的增长，孩子背部肌肉的功能会慢慢增强，这时他就有能力将这样的姿势变成一种常态，而这一切变化都是快乐的，是他自觉自愿去做的。如果只是一味地重复提醒、反复说教，或者期盼立竿见影而直接使用矫形工具，都是在给孩子施加压力，让他陷于被动，孩子不情愿也不高兴，更不会主动配合，不仅达不到预期效果，还伤害了亲子关系。

◎　**增进与孩子之间的亲情联结。**

父母在为孩子测量身高时，需要蹲下来让自己与孩子平视，这种面对孩子的姿态以及身体的相互接触是亲情的联结，是对孩子的一种安抚。有的父母已经习惯于以居高临下的姿态对待孩子，那么对他们来说，学习如何与孩子平等相处、建立正向联结，就先从这种马上就能执行的“小动作”开始练习吧。

◎　**成绩的提升促进孩子积极参与。**

立定跳摸高和助跑跳摸高，连续练习几天就会有所提升，也会间接促进孩子静摸高的高度，这样的直观变化会激励孩子继续参与，乐此不疲。身高贴上的标记孩子随时都能看见，这就是家庭布局。

身边的高度

游戏编码：2-7-21

重要性等级：★★★★

材料准备

- 木制米尺，可以是学校里用的教具。
- 物品高度记录模板，如图 7-7 所示。

物品的尺寸

物品	日期	长	宽	高

图 7-7　物品高度记录模板

游戏玩法

1. 在孩子在场的情况下，父母可以时常用米尺测量家中各种物品的整体高度，以及不同部分的高度，比如饭桌的高度、茶几的高度、椅背距离地面的高度、椅座距离地面的高度、滑板车把手的高度、滑板车轮子的高度……

2. 将这些高度写在便笺纸上，然后贴在相应的物品上。

3. 使用提供的模板，和孩子一起测量并在模板上记录各部分的高度。

游戏目的

- 感知生活中常用物品的高度。
- 熟悉米尺，感知 1 米的固定长度。

变化与扩展

找出家中其他的长度测量工具，比如皮尺、卷尺、文具直尺等，看看这些工具有何异同，分别用它们测一测物品的高度、长度。

要点提示

◎ 高度是长度的另一种形式，不需要刻意向孩子解释"高度""长度"这些术语，只需要经常为孩子示范测量的动作，孩子会自然而然地明白。

影子变变变

游戏编码：2-7-22

重要性等级：★★★★

材料准备

- 卷尺。
- 粉笔。
- 记录表。
- 蜡烛 4 支。
- 饮料瓶盖 4 个。
- 不同长度的短铅笔头 2 根。铅笔不宜过长，以方便竖立。

游戏玩法

1. 测量阳光下的影子。

- **方式一：站在没有遮挡的开阔地带，测量地面上影子的长度。**
- **方式二：靠近墙站立，使影子一部分在地面上，一部分映在墙上，测量身体与墙的距离，以及墙上影子的高度。**

2. 以上两种方式可以反复进行，并控制测量的时点，比如连续几天，每天在同一时间测量，或者每天上午、中午、下午，在不同的时点分别测量，也可以从春、夏、秋、冬 4 个季节中各选取几天，在同一个时点测量。

游戏目的

- 将长度感知、测量操作、科学常识探索与生活场景融合，通过亲身体验、直观呈现激发孩子的兴趣。
- 感知影子与光源远近的关系。

变化与扩展

1. 蜡烛与影子。将一根蜡烛固定在小瓶盖上作为光源，将一根短铅笔头作为物体竖立在一张大白纸上，也可以用蜡油将铅笔固定在白纸上。然后标记出蜡烛的位置，并勾画出影子的轮廓，测量蜡烛与物体间的距离、物体的高度、影子的长度。

2. 物体位置保持不变，变换蜡烛的位置，再勾画出影子的轮廓，于是白纸上的标记和轮廓便显化了蜡烛变化位置前后影子的状态。

3. 换成另外一根长度不同的铅笔头再次进行以上操作，并比较不同。

4. 将另外 3 支蜡烛也点燃并固定在小瓶盖上，把 4 支蜡烛分别放在物体的前、后、左、右约 15 厘米的位置，并观察是否还有影子。

要点提示

◎ **影子游戏能够使孩子接触大量科学研究的方法。**

观察、标记、测量、记录、对影响因素的控制与调节，包括时间、距离、光源数量等，还有使用表格、将变化过程显化……这些都是科学研究的基础方法，孩子可以在活动中不断地接触。

◎ **以上活动不要一次做全，需要拆解、分次进行，每一个环节都可以反复进行很多次。**

孩子需要的不是上课，不是学习，不是看一遍操作过程就被教授原理、告知结论，然后记下知识点，他们需要的是富于变化的过程，是在活动中身心放松、全然投入、点滴积累、自主感知、自发学习。在这样的状态下，不论学什么，学到的都是活的、透彻的知识。

我们所说的家庭布局，也包括妈妈有意识地让孩子看到自己如何完成一件包含多个步骤的事情，让他们看到每一个步骤的内容、次序，以及如何使用工具、如何记录、最终结果是什么、有哪些回顾与思考，而不是苛求孩子在你做出第一步时就立马学会什么。对孩子来说，有机会不断地看到妈妈的做法，远比马上学会眼前的一丁点知识来得重要。

好妈妈知道，重要的是过程，是环境，是孩子感知到的，并不知不觉刻录到脑海中的，这也是主动的过程，是孩子形成自信的过程。

数量、温度、体重、身高……所有这些都不是讲解和灌输，都不硬性要求孩子必须参与、必须动手，当妈妈发自内心地、专注地操作时，不管孩子看或不看，都是在做家庭的布局，是对孩子进行耳濡目染的熏陶。在点滴积累中，孩子对概念的理解会不断深入，最终形成对长度、高度、面积、体积、重量、密度等融会贯通的领悟。这种完全由自己生成的领悟所带来的快乐是最强烈、最持久的，这种快乐是对孩子最大的奖赏，将激发他更大的兴趣和更加自主的探索。

第8章

心跳：感受生命的跳动

数学，对于15岁以上的人来说才具有单独的学科意义，而对于15岁以下的孩子来说，这两个字更多是与综合的科学融合在一起的，即探索、研究、感受万物的变化规律和认识世界的实践方法。

关于生命的科学，我们不跟孩子谈距离生活比较遥远的前沿科技，而是在家中进行铺垫和启蒙，比如关注自己的心跳。孩子感知事物的方式更多是依靠视觉和触觉的结合，心跳可以摸得到，但是否能够可视化，被“看到”呢？

心跳看得见

游戏编码：2-8-23

重要性等级：★★★★★

材料准备

- 软面团或橡皮泥。
- 牙签。
- 计时器。

游戏玩法

1. 父母和孩子共同参与，每人拿一块软面团或橡皮泥，将它捏成圆锥形，将牙签从圆锥尖部插入约 3 毫米深。

2. 用桌面托着前臂，将软面团紧挨在手腕的脉搏位置，观察牙签规律性的抖动，这就是可以看见的心跳，如图 8-1 所示。

3. 看着挂钟或者计时器，数一数 1 分钟心跳的次数，记录下来。

4. 和孩子一起做 10 分钟运动，比如深蹲起、仰卧起坐等，再使用软面团和牙签，观察牙签的抖动是否加快，数一数这时 1 分钟心跳的次数。

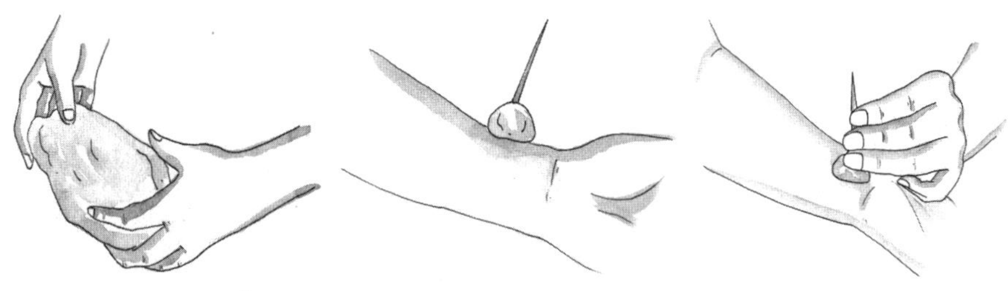

图 8-1　看得见的心跳

游戏目的

- 感知心脏的功能和意义。
- 了解触摸脉搏的位置与方法。
- 感知心跳与日常活动的关系。
- 理解心率，即 1 分钟心跳次数的含义。

变化与扩展

1. 与孩子一起寻找和感受颈部的脉搏：左右转动脖子时，能发现一块较为明显的肌肉从耳旁一直连接到胸骨处，这条肌肉就是胸锁乳突肌。将食指与中指并拢，轻轻放在喉结上，从喉结水平滑向这块肌肉的内侧凹陷位置，就可以感受到颈动脉的搏动。

2. 妈妈坚持记录自己在不同状态下的心率：早上刚睡醒时、饭后、洗澡后、爬楼梯后、运动后、搬东西后、高兴或兴奋时、生气时、感到疼痛时，等等，然后和孩子一起看看记录下来的心率的范围。

3. 与孩子一起阅读儿童科普书籍或上网查询，了解心脏跳动、血液循环的作用与意义。

4. 由自己的心跳、家人的心跳，继续扩大关注范围。比如，小猫和小狗有心跳吗？鱼和乌龟有心跳吗？大象和长颈鹿有心跳吗？谁的心跳快，谁的心跳慢？花草树木有心跳吗？

要点提示

◎ **不是让孩子记住知识，而是让他们体验科学方法。**

科学，是通过实际操作、数据分析、实践检验来揭示或预测客观事物的组织形式和规律的方法，是一种探究过程和动态体验。知识只是经过科学探索过程所得到的结果，而非科学本身。父母在家中所进行的各种观察、测量、计时、记录、归纳、分析等，都为孩子展现了绝好的科学实践过程。孩子并不是死记硬背地记下了知识，而是见证了探索和获取知识的方法，体验了独立思考、亲身参与的快乐，养成了科学的态度，提高了科学素养。

◎ **让孩子充分感知生命，体会“自我觉知”。**

由心跳感知生命，孩子在不知不觉中掌握了触摸脉搏的专业方法，如图 8-2 所示，并在不断的参与中体会了“自我觉知”，认识了自己的感受，也学会了预测自己心跳的快慢。

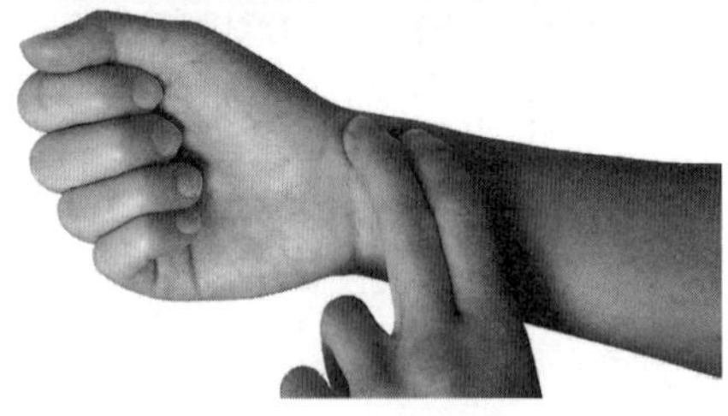

图 8-2　触摸脉搏

◎　在实践中理解的概念，记忆深刻。

心跳的快慢需要借助时间来衡量。在一定的时间里，心跳次数的多少决定了心脏跳动的速度，或者叫心率。这个概念孩子是在实践中理解的，而不是通过记术语、背定义学到的。用这样的方法掌握的内容，永生难忘。

◎　增进父母子女间的情感联结。

父母和孩子一起关注心跳、互测心率，这是多么紧密的情感联结，多么美好的亲子活动。由家人的心跳到动物的心跳，孩子学会了关注家人、关注生命、关注自然，简单的小活动不仅引起了孩子的好奇心，拓展了孩子的视野，激发了孩子的思维，提高了孩子的科学素养，更促进了亲情。

水的变化

游戏编码：2-8-24

重要性等级：★★★★

材料准备

- 盛水用的脸盆。
- 小一点的碗。
- 塑料保鲜膜。

游戏玩法

1. 在盆中接一些水龙头里的常温自来水。

2. 将碗放在盆中，在碗中放入热水。

3. 用塑料保鲜膜覆盖整个水盆，调整薄膜，让中间稍凹陷处在碗的上方。

4. 等待并观察。

5. 通过观察，尝试对看到的情况进行解释。一开始，保鲜膜里外都是干的，渐渐地，里面会形成水珠，这些水珠是怎么形成的？尝试引导孩子解释。

6. 接着，就会看到水珠开始滴落到盆中的碗里。为孩子解释滴落的原因，如水珠越来越大，保鲜膜上沾不住了，甚至可以解释地心引力。

7. 测量初始状态时盆里的水温，以及碗里的水温，并进行解释，同时猜测一下保鲜膜里面附着的水滴的水温。

游戏目的

- 水有 3 种形态：气态、液态、固态，观察水形态变化的过程。
- 将观察到的变化记录下来，尤其是对应的时间。

变化与扩展

将常温水倒入杯子里，并测量水温。然后，将杯子放入冰箱的冷冻室，每 15 分钟观察一次，如果杯子里还是液体，就测量水温，并做记录。直到杯子里的水结成冰，这时就是水的固体形态了。然后把它拿出来放在桌子上观察，记录多长时间后能够看到杯子外壁上的水珠。之后跟孩子讨论：水珠是从哪里来的？与前面活动中保鲜膜内的水珠形成原因相同吗？

要点提示

◎ **原始活动与扩展活动涉及两个数量变化，一个是水温的变化，一个是时间的变化，两者都需要通过做记录来体现。**

◎ **做记录的过程中需要看温度计和钟表，同时，也要让孩子知道这些数字和单位的写法。让孩子思考，书写这些内容时，是否应该使用表格，或者是否应该以一个时间去对应一个数值。**

◎ **不要直接说出结论，要让孩子自己得出结论。**

不必告知孩子是温度变化导致水的形态发生变化，这个结论应该让孩子自己得出来。妈妈只需要自言自语地说出自己的思考，比如：

“温度应该是在下降的过程中”“过去了3分钟，出现了一个水滴”等。

夏季带来了温度的变化，温度的变化带来了水的变化，同时也带来了人体内在节奏的变化，那就让孩子从心跳的变化开始去感受。这种感受更加直接的作用就是激发大脑去识别水的形态、身高的变化、影子的变化等，这些都是在为孩子铺垫一种抽象的理解基础。理解是基于视觉、听觉、触觉的合成结果。有了充分的直接感受，大脑才渐渐能够认识看不到的抽象事物，比如数字。不过，数字也是有具象含义的，可用于重量，用于温度，用于时间，用于一切我们需要衡量区别、了解发展变化趋势的时候。夏季是快速生长的季节，是春季的种子发芽后走向成熟的季节，也是为了在秋季收获果实做准备的阶段。

好妈妈，每一个活动都值得去落实，不断重复去做，直到滚瓜烂熟。瓜熟蒂落才有秋季的收获，收获时节又有适合收获时节的活动。

静待花不开，急迫花不长，家庭教育自有科学的节奏，一个又一个活动地去落实，才是真正的家庭教育。

Math
Taught
by
Mum

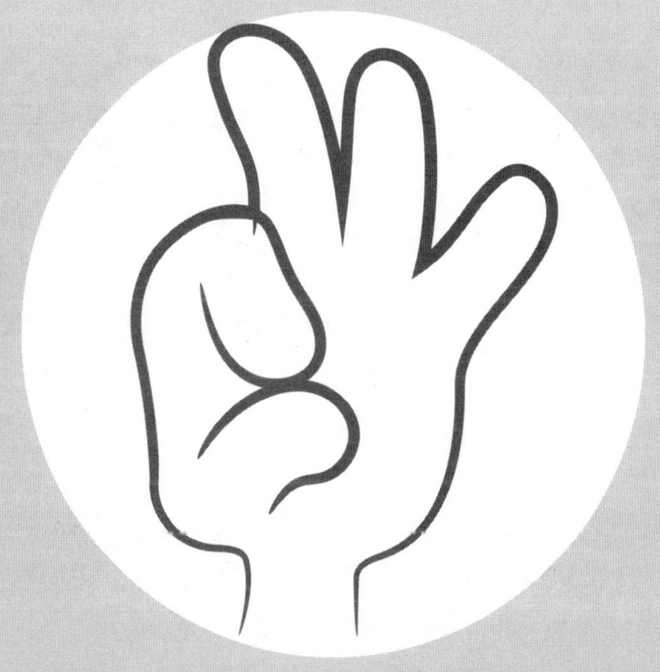

第三部分

AUTUMN

秋季：在家庭游戏中播撒智慧种子

第9章

积木的数学玩法与图形对称

秋季是收获的季节，收获春季播下的种子，它们经过夏季的成长，已经长出成熟的果实。果实是看得到的成长，而植物根系的成长是看不到的，却是年复一年果实得以成熟的基础。

秋季还是播下过冬种子的时候，积蓄生命的力量，酝酿开春的新芽。孩子的智力发展靠的不是背诵，也不是大量的题海练习，而是种子的自我发育，尤其是在肥沃土壤环境中的发育。这就是秋季的活动要点了。好妈妈，每一个季节都有自己的计划，都能够遵从孩子自身的发展规律，不抢先，不求快。因为她知道，参天大树要的是根深、根密。

乐高一类的积木设计得颜色鲜艳，对孩子形成了直接的视觉刺激，孩子们会自发地伸手去摸，并将其进行各种各样的组合，这种五颜六色、大小适合、易于感知、易于操作、易于变化的玩具，就是孩子的“易感物体”。用易感物体来组织动态活动，激发孩子全身心投入，最能刺激大脑皮层的发育。

人脸是对称的，双手是对称的，蝴蝶、蜻蜓、蜜蜂是左右对称的，汽车也是左右对称的，孩子在搭积木时，逐渐也会偏爱搭出对称的形状，如图 9-1 所示。对称，是大脑最早的一种视觉规律。

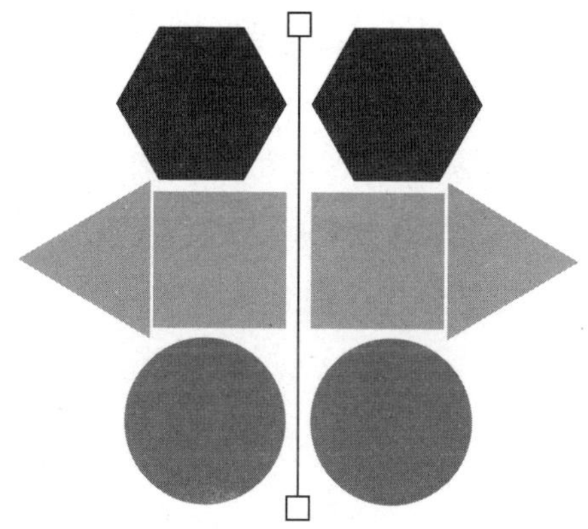

图 9-1　对称形状的积木

孩子在把积木搭成对称形状时，是在视觉刺激以及本能美感的引导下实现的一系列操作，他们会自发地制造出自己觉得美、觉得好看的东西。孩子有对称的内在感觉，因为他们天天接触、习以为常，但他们并没有把其当作一个规律来认识。而通过玩对称游戏，通过有意识地、主动地参与摆放、拼插、制造对称的可视化活动，孩子会将这种内在的感觉提升为大脑对对称规律的认识，由感觉系统上升为大脑中的认知系统。孩子还会形成一种主动化的心理："这种对称规律是我通过自己观察、自己动手、自己制作实现的。"这是自我从内在到外在的控制过程，孩子也会由此形成一种感知："外部的环境可以依据我对规律的理解来实现和呈现，在实现和呈现的过程中，我也会越来越明白对称是怎么玩的。"对"对称"的理解，如果未经铺垫，直接在课堂上接触，就是生硬的、机械的，远不会这么深入。

家中的乐高积木，如果仅仅是按照图纸来完成拼插，那只是锻炼了孩子的观察能力和手部的精细操作能力。如果将乐高积木放进家庭布局的理念之中，就能让其变化出丰富多彩的玩法。

乐高对称拼

游戏编码：3-9-25

重要性等级：★★★★

材料准备

- 乐高积木。
- 图形模板。

游戏玩法

1. 妈妈先搭好左侧的图形模板，让孩子在右侧搭出与之对称的样子，或双方交换，由孩子给出样子，妈妈来完成另一半的对称图形，如图 9-2 所示。

图 9-2　左右对称拼搭

2. 在圆形模板中，先玩基于一个轴的对称拼搭，再玩基于两个轴、三个轴的对称拼搭，如图 9-3 所示。

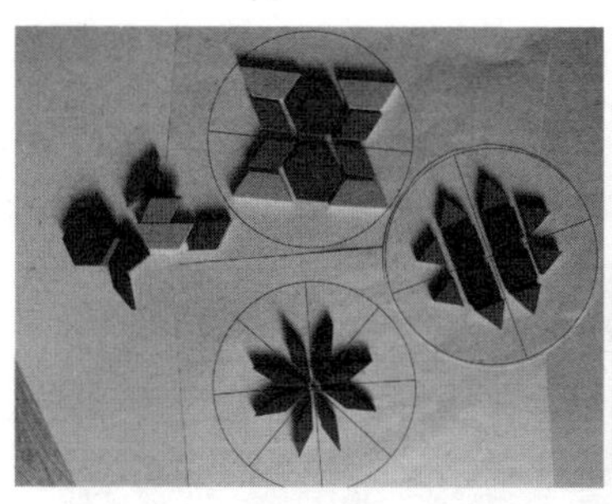

图 9-3　圆形对称拼搭

3. 在数字圆圈的周围，摆出相应数量的积木，再让孩子试一试，有没有办法把它们摆得对称？如图 9-4 所示。

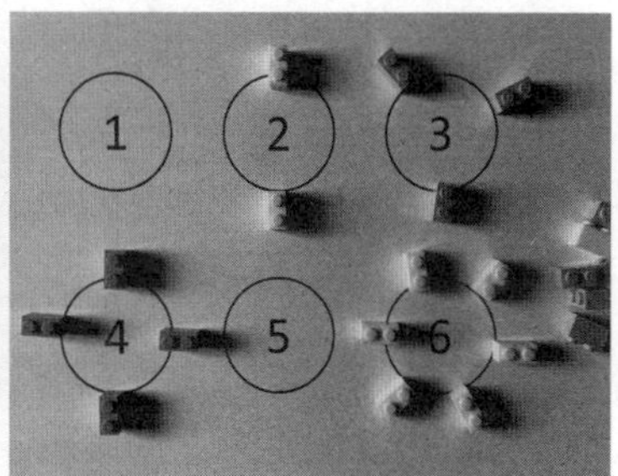

图 9-4　数字对称拼搭

游戏目的

- 感知对称规律，形成自己的认识。
- 训练手眼协调，提高手部精细化操作能力。

变化与扩展

1. 除了平面对称拼搭，还可以进行空间延展，多搭几层，看看在这种情况下，如何拼搭与之完全一样的造型，以及与之对称的造型，如图 9-5 所示。

图 9-5　空间对称拼搭

2. 进一步增加趣味性和难度，还可以通过设计“积木选择题”的形式来跟孩子玩游戏。妈妈和孩子可以相互出题，要同时制作题面以及四个选项的造型，如图 9-6 所示，由出题人拼出前三个图形，让对方拼出第四个图形。当孩子能给大人出题时，就意味着他的脑海里已经思考了各种细节变化的可能性，并通过动手展现了出来，再经由视觉验证展现出来的图形是不是自己脑中所想的样子，最后看到大人全神贯注地观察自己制作的这些选项。整个过程既调动了大脑，也获得了快乐，还增进了亲情。

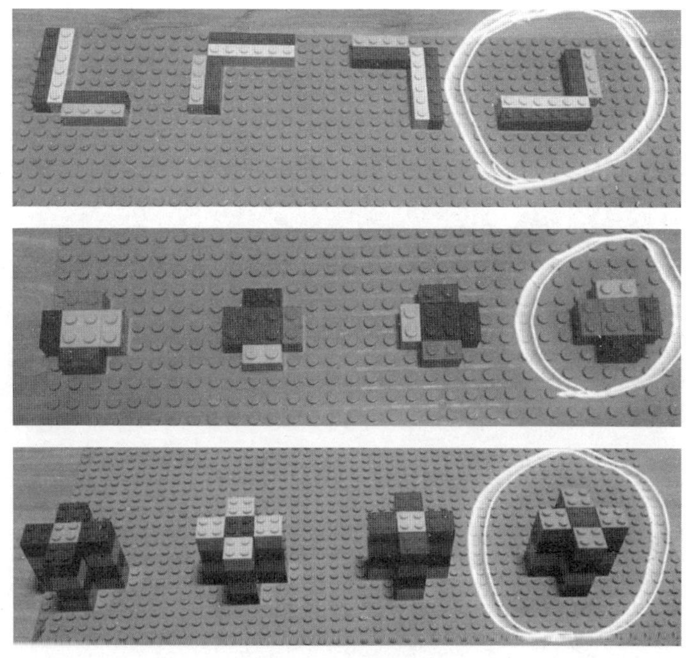

图 9-6 “积木选择题”

要点提示

◎ 以平等的姿态，跟孩子一起参与、共同研究，有互动、有交流，才是真正的陪伴。

买来玩具交给孩子自己探索，不是陪伴；坐在一旁看着孩子玩，不是陪伴；指手画脚地出主意，直接告诉孩子应该怎么玩，也不是陪伴。只有以平等的姿态，一起参与、共同研究，有互动、有交流，一起笑、一起困惑、一起紧张，才是真正的陪伴。

买一堆积木让孩子自己玩，孩子玩不出新花样，没过几分钟就没兴趣、搁置一旁了，有可能过几天再玩玩，也有可能很长时间都不碰。就算再捡起来玩，也仍然是玩不了几分钟就又觉得没意思了。这不是孩子没常性，也不是他不够专注，而是孩子大脑里的神经元高速发展需要新的刺激，当自己摆弄不出名堂、没有新花样时，就不会再继续关注，而是去寻求别的新鲜的刺激了。但是如果大人和孩子一起玩，孩子就有机会看到大人拼搭出来的各种花样，就会主动思考和模仿。如果这些花样是在一场有输赢、有时限的竞争游戏中，那就更刺激、更有意思了，孩子不仅不会觉得枯燥，还会全力以赴地参与，注意力集中的时间也就更长了。

实践分享：对称游戏，我会举一反三

在“学习做父母、学习陪伴”的道路上，我从完全迷茫、不知道方法，到四处寻找，发现了大门，再到努力推门，蹒跚着迈进大门，之后如饥似渴地学习，却鲜少拿出行动落实，最后意识到实践的重要，边领悟边落实，直至现在融会贯通，终于可以把这些方法灵活地融入生活中，还能举一反三，这真是一个巨大的转变和成长的过程。“教育孩子也是教育自己”，原来觉得这句话很空，后来我们通过点点滴滴的行动和家庭中丰富的活动，让这句话变得实在，脑海中随时可以浮现出生动的场景、具体的细节，以及孩子欢乐的表情。

举一个我和孩子灵活开展感知对称活动的例子。

“乐高对称拼”的游戏我们玩了很久，从简单的形状到立体的好几层的变化，非常有意思。后来利用几何积木，孩子又痴迷地玩过一阵。孩子会用剪刀以后，我们用剪纸的方式继续感受对称。先从只有一条对称轴的简单图形开始，之后又玩过将纸对折两次，感受两条对称轴的对称形式，还剪过字母、数字、汉字等（见图 9-7、图 9-8），让孩子明白对称在生活中真是无处不在。

图 9-7　对称图形剪纸

图 9-8　字母、数字、汉字等对称图形剪纸

对称连线

游戏编码：3-9-26

重要性等级：★★★

材料准备

● 对称连线模板，如图 9-9 所示。

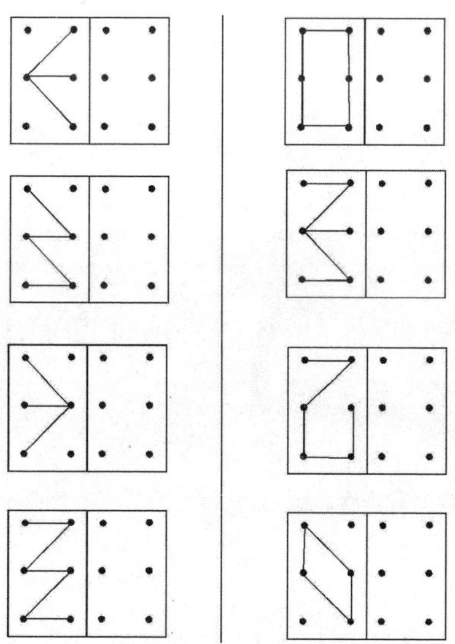

图 9-9　对称连线模板

游戏玩法

父母在左侧画出连线，让孩子在右侧画出与之对称的样子，或双方交换，由孩子给样子，父母完成对称图形。

游戏目的

- 感知对称规律，形成自己的认识。
- 由积木对称抽象到线条的对称，从多方面理解对称的本质。

变化与扩展

1. 每次画完一个对称连线模板，都可以和孩子讨论一下，如果用镜子看，图案会是什么样的，并一起验证一下，如图 9-10 所示。

2. 打印 26 个英文字母，字体、字号尽量大一些，和孩子一起对比这些字母本来的样子及其在镜子中的样子，如图 9-11 所示。

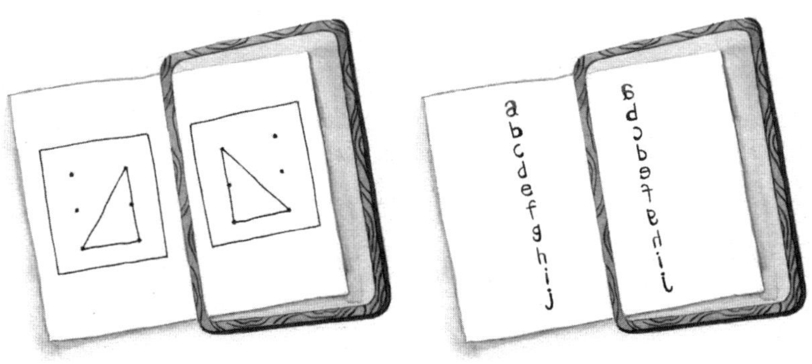

图 9-10　镜中对称连线模板　　　图 9-11　镜中字母

要点提示

◎　**一步一步走，一点一点玩，不要求快，更不要跳跃。**

对孩子来说，对称不是用抽象的语言能够讲解明白的，而是在生活中通过游戏玩出来的感觉和理解，是一点一点加深认识的过程。不要嫌游戏简单就不玩了，智力的种子需要点滴持续地浇水才能成长。

现在，中国父母中出现了两个极端：一部分家长喜欢让孩子拼命上补习班，自己则在家里配合老师来压迫孩子；另有一部分家长反对这种方法，认为这样做孩子就没有了快乐的童年，于是又出现一种理念说要放养，任由孩子玩耍，但等到快上小学时，才发现孩子与学习相关的各项具体能力都没有进行过任何铺垫和培养，孩子对数量理解不透，识字量不足，没有良好的学习习惯等。

在这两个极端之间，其实是存在科学、可行的家庭培养方法的，只需要父母点滴实践，在家中布置相应的环境，逐步开展既能激发孩子兴趣，又能提升能力的互动活动。这不是提前灌输、超前学习，不是在家中当老师，而是通过平等姿态的游戏、互动、示范，为孩子创造观察学习、自主模仿的机会；通过动手参与的活动，让孩子建设大脑、提升思维、培养能力。

第 10 章

色子的数学玩法与口算、心算、速算

数感源于生活中变化的数字，源于每一个数字所反映的数量，以及数量的变化。色子是非常好拿、简单易操作的物品，如图 10-1 所示，能够让孩子觉得自己完全能掌控，而色子掷出来的结果又是不确定的，可能落在 1，可能落在 5，每次掷出来都不一样，是变化的。在色子掷出点数的变化中，孩子又有一种自主操控感和稳定感，知道它会变，但是又有把握，色子掷出的点数只会在 1 ～ 6 之间变化。

图 10-1　神奇的色子

看似简单、不起眼的色子，可以让孩子在玩的过程中形成数感，以及对数量的快速反应。一开始，孩子对 3 以下的色子数字也需要一一清点，速度缓慢地看出是几，之后经过一段时间的铺垫，玩着玩着，孩子就形成了看一眼便知道是几的熟悉感、速度感。

在玩色子的过程中植入的是以后一定会用上的能力，而不是记忆力。能力是自己的，什么时候都不会丢，只会越来越熟、越来越强。而知识是借助能力，在自主探索的过程中逐渐积累起来的。

家庭对孩子来说最重要的意义就在于爸爸妈妈是他最亲近的人，如果爸爸妈妈能够参与活动，陪孩子一起玩，孩子就能心情放松。

色子，画出来的神奇

游戏编码：3-10-27

重要性等级：★★★

色子只有点数，还能画画？这就是让孩子觉得有趣和有吸引力之处。

材料准备

- 色子游戏模板。
- “倾听—说话”模式卡片，如图 10-2 所示。
- 色子 5 个。

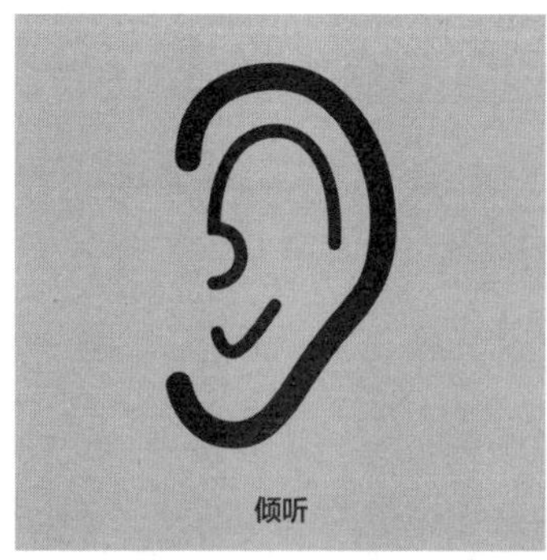

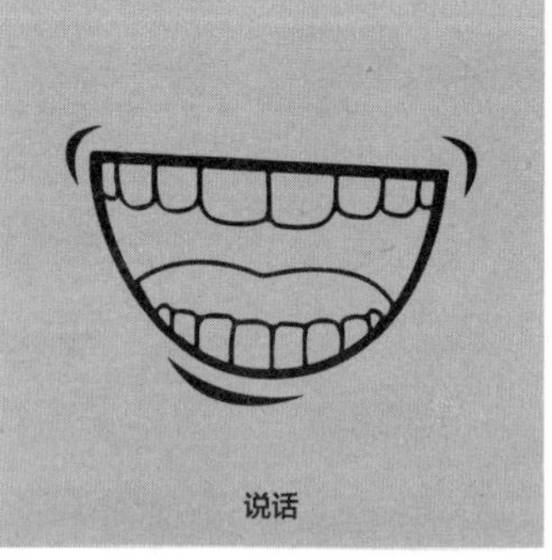

图 10-2 “倾听—说话”模式卡片

游戏玩法

1. 用一种富有趣味的方式确定游戏先手。

- 方式一：石头、剪刀、布。
- 方式二：抽签选择“倾听—说话”卡，抽到“说话”卡片的是先手。
- 方式三：每人掷一个色子，事先约定掷出双数或单数色子的一方为先手，如果相同，可以比较大小。

2. 一次性掷出 5 个色子，用色子的点数来对应各列中的视觉图案，来确定“背景、物件、心情、标志、故事”图片，比如，5 个色子的点数分别是 2，1，4，6，2，那么“选定背景”对应的色子点数是 2，就可以在模板中圈画出来，如图 10-3 所示。

色子画出来的神奇

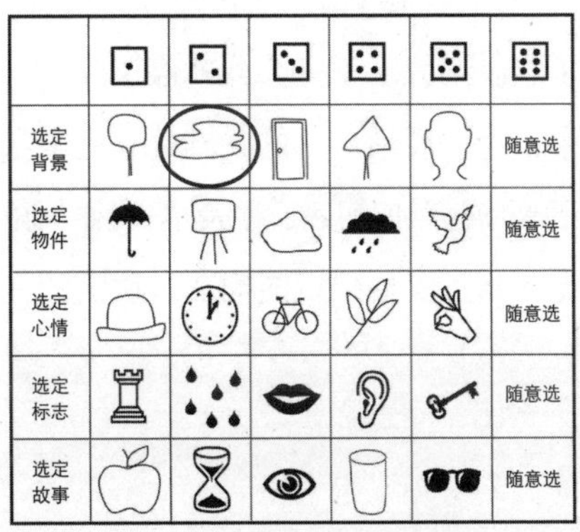

图 10-3　确定“选定背景”

用这种方式依次圈画出色子选中的图片。其中“选定标志”那一行对应的点数是 6，对应“随意选”，即随意选择这一行中的一张图片，于是又圈画出一张“嘴唇”的图片，如图 10-4 所示。

色子画出来的神奇

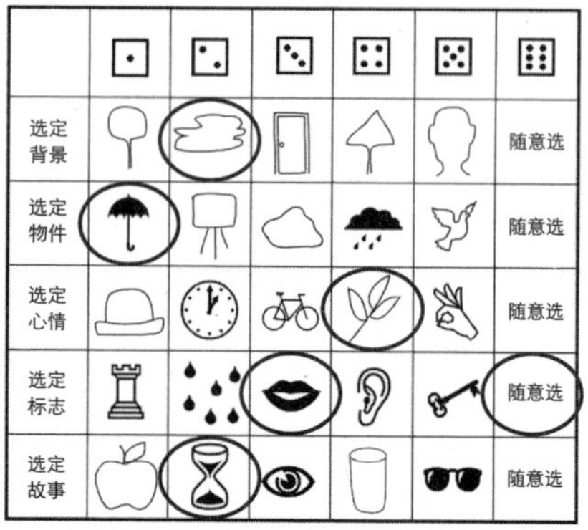

选定背景						随意选
选定物件						随意选
选定心情						随意选
选定标志						随意选
选定故事						随意选

图 10-4　依次确定所有设定

3. 由父母将选好的 5 张小图画在另一张纸上，孩子如果愿意，也可以一起画。

4. 掷色子的一方一并获得“说话卡”，而另一方得到“倾听卡”。

5. 谁掷的色子，就由谁根据选中的图画讲一个情景。比如根据图 10-4，就可以这样讲：“云来了，马上就要下雨，小草不知道我给它准备了伞。我在保护小草的时候，亲吻了它。雨只下了一会儿就停了。”

6. 在讲述的过程中，执“说话卡”的一方具有完全自主权，可以依据自己的理解和想法、用自己的语言和速度随意表达；执“倾听卡”的一方不能打断、催促、干涉、补充、纠正。如果试图插话，说话的一方可以指一指对方的倾听卡以作提醒。

游戏目的

- 体会掷色子时，点数不确定的随机变化过程。
- 通过多次掷色子、选择图片以及讲解的过程，体会变化中的自我掌控感。
- 用直观的方式熟悉二维表，熟悉行、列以及行列交会的含义。

- 用色子的点数来对应一个视觉图案，并形成具体的意义。
- 训练语言组织能力和口头表达能力。
- 培养倾听习惯。

变化与扩展

1. 游戏：色子看到的脸。只使用 1 个色子，连掷 4 次。将 4 个图案组合在一起画在另一张纸上，看看色子组合出来的脸是什么样的。如图 10-5 所示，这张模板与前一张“色子画出来的神奇”的模板相比，行与列是对调的。通过变换位置，让孩子进一步感受行与列的对应关系。

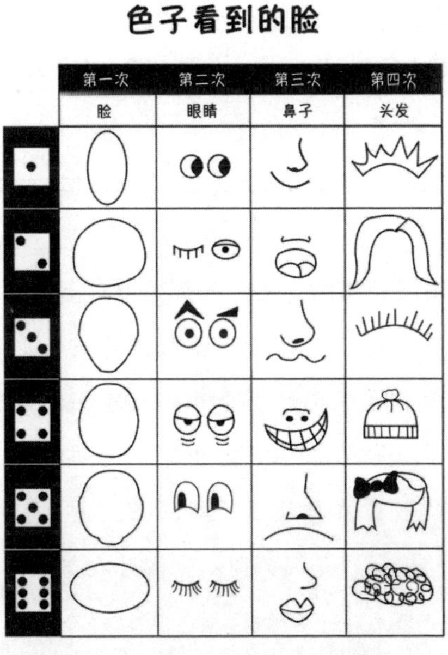

色子看到的脸

第一次	第二次	第三次	第四次
脸	眼睛	鼻子	头发

图 10-5 “色子看到的脸”游戏模板

2. 游戏：色子的心情（见图 10-6）。只使用 1 个色子，连掷 6 次，将 6 个图案组合在一起，画在另一张纸上，看看色子的心情如何。

3. 游戏：色子去过的地方（见图 10-7）。玩法与“色子的心情”相似，只使用1个色子，连掷6次，将6个图案组合在一起，画在另一张纸上，看看色子去过的地方是什么样子的。

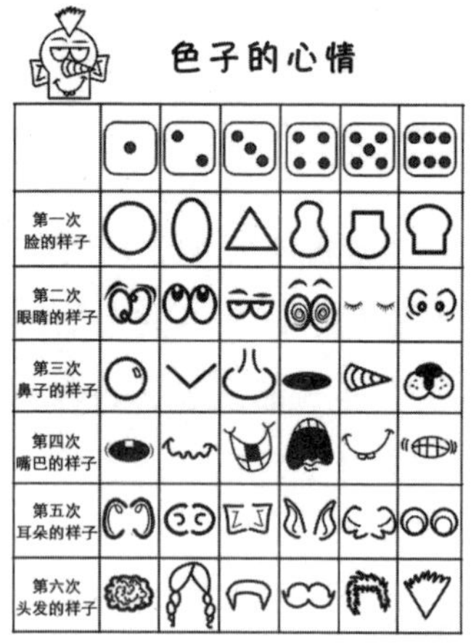

图 10-6 “色子的心情”游戏模板

图 10-7 “色子去过的地方”游戏模板

要点提示

◎ **说话内容没有对错，每个人都可以有自己的想象和理解。**

不要为图片的含义限定一个标准答案，更不要纠正孩子的表述或者让孩子按照大人的理解来讲。在不同的回合中遇到相同的图片时，妈妈最好能对这张图片做出不同的解释，让孩子有机会听到不同的内容，这就是在拓展孩子对同一张图片、同一件事情的不同理解。而不同的理解，是因为同一张图片在与其他不同图片随机和多样化的组合中，会产生不同的意思，因此每个人都可以表达自己不同的意见和想法。

左，右，吃

游戏编码：3-10-28

重要性等级：★★★

和孩子约定，在生活中，选取几件并不急切、有选择和商量余地的小事情，比如孩子想吃一块糖、想看一会儿电视、想下楼和小朋友们玩一会儿，或者父母想让孩子独自玩一会儿，给自己 10 分钟的安静休息时间等，可以不由对方决定是否可以，而是让色子来决定。

材料准备

- 自制游戏模板，如图 10-8 所示。
- 色子 1 个。

游戏玩法

1. 和孩子事先商量好各自选取哪几件事（由色子决定），并一起讨论制定出每一个点数对应的选择或行为，比如“孩子想吃糖时是否可以吃”这件事，选定后就可以如图 10-8 那样记录在纸上，父母和孩子分别签字。

2. 当孩子提出吃糖的要求时，和他一起掷色子决定。比如父母希望孩子能独自玩一会儿，让自己清静一下，也可以通过这个方式进行。只要事先约定好，孩子都会遵守约定的。

左，右，吃

经过____与___共同讨论，决定XXXX(事情)由色子说了算，双方愿意遵守这样的约定。

孩子签字：XXX

父母签字：XXX

色子点数	内容
1	给右边的人
2	给左边的人
3	自己吃掉
4	留下来
5	两个小时后吃
6	让妈妈决定

图 10-8 “左，右，吃”模板

游戏目的

- 体会掷色子的随机性。
- 体验有一些小事可以不由父母决定行还是不行，可以通过掷色子决定。
- 体会一件事情的不同应对方式。

变化与扩展

既然吃不吃糖这件事可以通过掷色子来决定，那么同样，“玩 10 分钟”这件事是不是也可以由掷色子来决定呢？或者，“看一集动画片”是不是也可以？这种没有核心原则的事情，都可以通过这种随机的方式来决定。甚至，生活中要面对的很多选择，也可以通过这个方式来决定，比如第二天早餐吃什么。

将备选的项目填写到表格里，然后就可以掷色子了。事先跟孩子约定好，是掷 1 次色子决定，还是掷 3 次色子决定。

将这个活动扩展应用到生活中，能够强化孩子大脑中的随机感受。在随机的前提下，需要决定的事情又有一个选择范围，这是不确定性中的确定性，是数学里的一个重要概念，是基于灵活方式的固化理解。

要点提示

◎ 父母和孩子双方都要选定由色子决定的事情，而不是只要求孩子这样做，把色子说了算变成变相拒绝孩子要求的手段。

◎ 只选不太重要的一两件事，而不是对所有的事都如此。

◎ 事先用平等姿态和孩子讨论，写下约定是关键。

一二不离零

游戏编码：3-10-29

重要性等级：★★★

材料准备

- 5个色子。
- 纸、笔。
- 1个杯子。

游戏玩法

1. 这是一个两人游戏，两人轮流进行。一方在杯中放入5个色子，摇晃后倒扣在桌子上。

2. 如果色子摇出的点数中有1或2，就把它们拿走不用，因为1和2总跟0在一起，它们去见0了，这就是所谓的“一二不离零”。去掉1和2之后，继续摇剩下的色子，只要杯子倒扣过来没有1或2，就把这些色子的点数相加作为得分，用纸、笔记录下来，然后继续摇色子记分。

3. 当杯子里只剩下一个色子时，只要摇出的点数不是1或2，就可以继续相加记分，直到摇出1或2时，游戏结束，换对方进行。

4. 两方都完成后，相互比较得分，分数高者获胜。

5. 记录示例，如图 10-9 所示。

日期：2017 年 7 月 16 日

姓名：徐芳

第 1 轮

摇色子	色子点数	记分
第 1 次	3，5，2，6，2	
第 2 次	6，4，3	6 + 4 + 3 = 13
第 3 次	1，3，6	
第 4 次	2，5	
第 5 次	1	

姓名：李佳萌

摇色子	色子点数	记分
第 1 次	1，5，6，4，2	
第 2 次	3，6，6	3 + 6 + 6 = 15
第 3 次	2，3，1	
第 4 次	5	15 + 5 = 20
第 5 次	4	20 + 4 = 24
第 6 次	6	24 + 6 = 30
第 7 次	1	

第 1 轮获胜

第 2 轮

摇色子	色子点数	记分
第 1 次	4，2，6，1，2	
第 2 次	3，5	3 + 5 = 8
第 3 次	1，4	

第 2 轮获胜

摇色子	色子点数	记分
第 1 次	2，1，5，3，2	
第 2 次	1，2	0

第 3 轮

摇色子	色子点数	记分
第 1 次	2，6，1，1，3	
第 2 次	1，4	
第 3 次	5	5
第 4 次	6	5 + 6 = 11
第 5 次	2	

摇色子	色子点数	记分
第 1 次	2，4，3，5，6	
第 2 次	3，3，4，6	3+3+4+6=16
第 3 次	1，2，2，5	
第 4 次	2	

第 3 轮获胜

徐芳：胜 1 轮
李佳萌：胜 2 轮

获胜者：李佳萌

图 10-9 “一二不离零”记录示例

游戏目的

- 熟悉摇色子的随机过程。
- 快速辨认色子点数所表示的“量”。
- 熟悉加法。

变化与扩展

1. 对于年龄较小，对加法还不太熟练的孩子，可以从“五六再见”玩起，整体规则类似“一二不离零”，当摇出的色子中有5或6时，就跟它们说再见，拿走它们，用剩下的色子继续摇，当摇出的点数不是5或6时，就把这些色子的点数相加，记录下来，直到最后只剩一个色子而且摇出的点数是5或6时，游戏结束，换对方玩。

2. 还可以和孩子玩“不三不四”，规则也是类似的，即摇出点数为3或4的色子时，就把它们拿走，其他规则同上。

要点提示

◎ **几个色子，变化丰富的游戏，融合了随机性与概率的朴素感知、数量的辨认与熟悉、加法练习等。**

游戏情景是父母为孩子做示范的最好机会，孩子应该会表现出希望参与，并掌握游戏的意愿，这就是主动学习。随着游戏的展开，孩子渐渐便能灵活掌握，深入理解。

孩子的变化有看得到的，有看不到的。多数变化都是先从大脑中那些看不到的开始，然后才是那些表现出来的，可以看到的。至关重要的是，当看不到的变化发生时，妈妈要坚持带着孩子玩，耐心等待，等待孩子的大脑认知周期的到来，到那时，也就形成大脑发育的良性循环了。

第 11 章

算牌的玩法与心口合一

家庭数学氛围围绕着家庭中的生活展开：温度、身高、体重、心跳、时间、数字、色子……还有扑克牌，这也是家中经常出现的物品，但家长很少会为孩子创造玩牌的机会，大多数老师也不会将牌作为教具。牌的优点是易于操控、组合多变，牌面可以强化视觉对图形、色彩、数量以及对应数字的识别和感知。算牌的精心设计之处在于以下几点：

- 以红、黄、蓝、绿 4 种鲜艳、常用的颜色代替扑克牌的红、黑两色，丰富视觉刺激。
- 牌面上的圆形、三角形、正方形、菱形这些常见图形经常出现在生活中的具象物品上，孩子每天都能反复看到。基于对具象物品的感知而抽象出的最基础的几何图形，最有利于孩子识别和对应。而扑克牌中的黑桃、草花、红桃、方片的图案更为抽象，孩子就不容易联系具象事物深入感知，难以产生与自己相关、与生活相关的实际意义，增加了孩子辨别和接受的难度。
- 算牌的点数范围是 1 ~ 10，没有孩子不熟悉的 J，Q，K。
- 算牌有加减乘除等运算符号，使计算游戏更具操作性、直观性。

- 算牌背面富有乐趣的小玄机设计，是对孩子自主观察、自主探索规律的奖赏和激励。
- 40 张固定的牌，能产生多变的组合，不是背诵和记忆算式，而是在灵活多变的游戏中，培养孩子计算的本领。
- 这是从脑力开发的角度绘制的活动道具。

十全十美

游戏编码：3-11-30

重要性等级：★★★

材料准备

- 算牌一副。
- “十全十美”游戏模板，如图 11-1 所示。

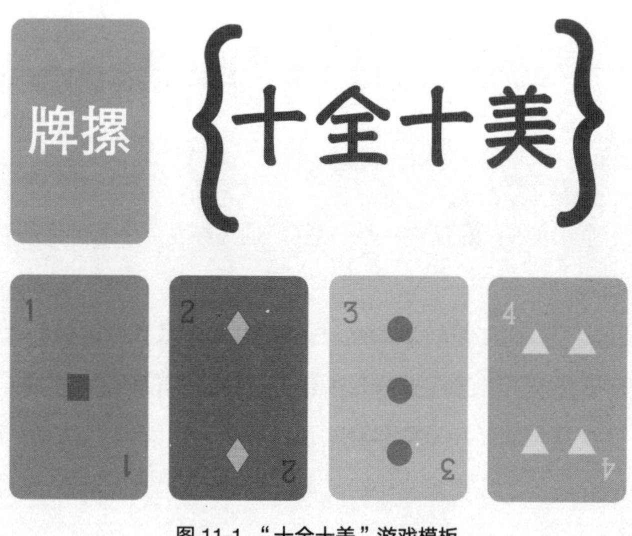

图 11-1 “十全十美”游戏模板

游戏玩法

1. 这是一个两人游戏，一人先开始游戏，另一人观看。选中算牌中的14张牌，花色朝下放在游戏模板左侧的牌摞处。从这14张牌摞中翻出4张牌放在模板底部4个颜色的位置上。

2. 所谓“十全十美”，是让这4张牌里能出现点数相加等于10的。只要相加等于10，这几张牌就可以归自己所有，算作赢牌，放在一旁。然后再从牌摞里翻出4张牌继续游戏。

3. 如果4张牌里有一张10，便可以直接拿走作为赢牌，然后再补入一张，保证有4张牌是翻出状态。

4. 当4张牌中无法出现相加得10的情况，就从4张牌中选出一张与牌摞中的牌交换，直至无法继续，清点自己的赢牌。轮换到另一个人进行。

游戏目的

- 熟悉数字、数量、运算符号。
- 用有趣和灵活的方式熟悉10以内的加法。
- 培养4张牌凑10的数字敏感性。

变化与扩展

1. 有“十全十美”，就有“一心一意”。通过减法，只要能够得到1，就可以拿走当作赢牌。

2. 还可以玩“三心二意”，凑出2，3都可以当作赢牌，类似的，“七上八下”也符合这个游戏的核心原理。这样玩的结果，孩子不仅熟悉了运算，还顺便了解了成语，这就是家庭活动贯穿各种知识的好处。在学校，学习成语的课程与数学课是分割开来的，而在家庭中，算牌的游戏活动可以做到“语数结合”。

要点提示

◎　**游戏的方式，远胜于写作业。**

两个人轮流游戏，有点像写作业的场景，但不同之处在于：游戏是主动参与，而写作业是被动完成；游戏是即刻反馈，而作业要等第二天老师批改下发后才能得到反馈；游戏中会不断出现可供模仿的示范动作，就算算错了也不要紧，还能改正，还有下一轮的机会，游戏获胜是最好的激励，而作业做错可能会引发父母和老师的严肃纠错，令孩子反感。

◎　**简单的游戏，效果远胜于刷题。**

简单的游戏易于上手，孩子一次又一次全然投入、乐此不疲地玩游戏，实际上就是在反复刷题，远不止 10 道、20 道，而且效果还远胜于刷题。

合成数

游戏编码：3-11-31

重要性等级：★★★

材料准备

- 算牌 1 副。
- 色子 2 个。

游戏玩法

1. 将除去运算符号和万能牌的 40 张算牌洗牌后全部摊开，如图 11-2 所示。两人参与游戏，轮流从摊开的牌中挑出符合条件的牌归自己所有，游戏结束时，牌多者胜。

2. 第一个人掷色子，比如一个是 2，一个是 4，两个点数之和是 6，他要从牌中挑出 6。可以挑一张 6，也可以挑挨在一起相加为 6 的多张牌，比如 1 和 5，但必须是挨在一起的，横向、纵向都可以。不管是哪种方案，只能拿一次，然后轮到另一个人选牌。

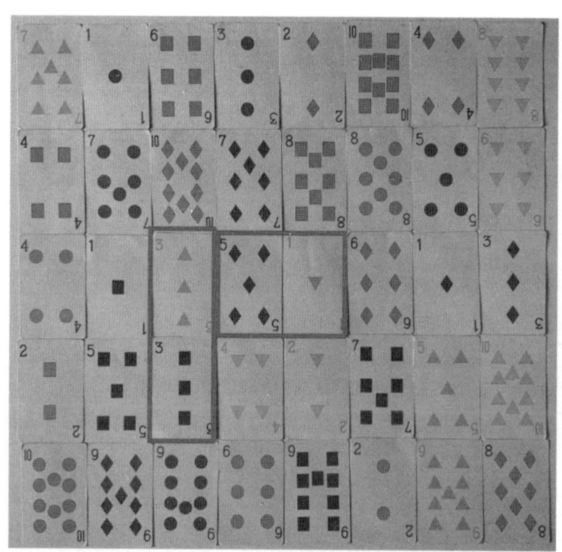

图 11-2 “合成数”玩法

3. 两人轮流挑出能凑成 6 的牌，直到没法再凑成 6，就换成刚才没有掷色子的一方掷色子，确定色子点数之和，作为下一轮选牌凑成数的数字。

4. 直至整副算牌基本用完，无法继续游戏时结束，手中牌多者胜。

游戏目的

- 通过算牌的多样化视觉刺激和灵活多变的组合方式，深化思维的层次。

变化与扩展

等孩子充分熟悉了 10 以内的加法后，可以引入减法或乘法。仍用以上例子，若用减法凑成 6，可以选挨在一起的 1 和 7；若用乘法凑成 6，可以选挨在一起的 2 和 3。以此类推。

要点提示

◎ **一定先从加法开始，等到加法足够熟练后，再练习减法、乘法。**

在孩子感知和学习计算的过程中，加法是核心基础。在加法不熟、理解不透的情况下过早进行减法、乘法，甚至除法的训练，就如同孩子还没站稳、还不太会走路时，就要求他走台阶甚至跑跳，结果一定会摔大跟头。所以，不要急于求成、全面铺开，而是从最基础、最简单的加法玩起，让孩子玩熟、玩透。

◎ **随时随地都可以玩起来。**

算牌易于操作又便于携带，平时可以随身带上，随处能跟孩子玩。孩子越觉得有亲近感，越爱玩，他的运算也就越来越熟练、灵活。

实践分享：不刷题，玩出真能力

我按照孙老师的方法进行家庭布局、活动落实，用各种亲子游戏代替刷题，已经一年多了。孩子的成绩不仅没有掉队，而且在数感、计算能力、观察能力、思维的灵活性等方面有了极大的提高。

印象最深的是玩算牌初期的一件事情。那时孩子已经上了小半年的学前班，马上就要上小学了。学前班的老师每天都会布置一些算术题的作业，基本是 20 以内的加减法，我看孩子每天都完成得不错，所以当我看到“合成数”这个游戏时，就觉得这对于 6 岁多的孩子来说太简单了，有些“看不上”。但开始玩以后，孩子的状态完全改变了我的这种想法。

孩子完成口算作业时，我只关注她是否完成了，计算速度如何，是否算对了，没有留意过程。但是当我们一起玩牌时，我才发现了其中的问题。比如最基础的玩法，翻出三张牌，分别是 3，4，8。孩子会说：“3 加 4 等于 7，7 加 8 等于……等于……”卡在那里一两秒，然后又说：“3 加 8 等于 11，11 加 4 等于 15。”

这样的现象非常频繁，最开始我还挺高兴的，我以为孩子会灵活地使用加法交换率了。但有一次她又这样做的时候，自己嘀咕着：“3 加 4 等于 7，7 加 8 等于……等于……哦，记不起来了。那就 3 加 8 等于 11，11 加 4 等于 15。”

孩子无意中嘀咕出来的“记不起来”这 4 个字，让我大为惊讶，仿佛展现出了以前我从她的口算练习册中从来没有看到过的“真相”：原来学了这么久 20 以内的加法，孩子都是通过记忆的方式掌握的？怪不得遇到 7 加 8 这种算起来有些难度的习题时，我从来没有见到过她数手指，也没有看到她逐一清点算牌上图形的数量，要么就是直接说出结果，要么就是卡住一两秒，犹豫一下，然后就跳过去了，原来这卡住的一两秒，她不是在一点一点地往上数，试图“算出来”，而是想从记忆中找到一个答案。当想不起来 7 加 8 等于多少时，她都没有要自己掰一掰手指，把题目弄明白的意识。

发现了这一点后，我深入地反思了一下，确实是家庭中关于数感的铺垫做得太少了，觉得反正学前班、小学都会教，实在不行可以再报一个补习班，自己不需要在家中教，每天督促一下完成口算练习就行了。没想到会是这样的结果。所幸及时发现了问题。

自那以后，我在家中通过各种方式落实了清点、测量、称重等趣味活动，也经常和孩子一起玩算牌。我不再抱有“觉得简单而不愿落实”的想法，也不再把所有的责任都推给学校。在家中确实不需要按照学校的方法教学校里会教的东西，但在家中需要有适合家庭的做法、陪伴的做法。

通过慢速、充分地开展一个个小游戏，我学会了“自言自语把思路解释清楚”，比如在计算7加8时，我会指着算牌上的图形一个一个地往上数，这不就是7加8的含义吗？看到我这样做，孩子很快就明白了，而且是真正地领悟了。渐渐地，孩子也学会了不怕慢、不嫌麻烦地逐一清点的做法。有了这个放慢的过程、操作的过程、理解的过程，后来当孩子的速度提升时，我发现那真是一种质的飞跃，而且她自己乐在其中。

在孩子读一年级下学期时，有一次外出旅游，在火车上跟两个三年级的孩子一起玩算牌，这两个大孩子竟然玩不过她，有一个孩子玩了两局就说：“哎呀，这不光要计算，还得想办法，太费脑子了。”可见，这些小游戏，不只是计算一下这么简单，而是会让孩子在快乐中自己主动思考，在玩中自然而然地提升能力。这才是真正属于孩子自己的能力。

得分我最大

游戏编码：3-11-32

重要性等级：★★★

材料准备

- 算牌 1 副。

游戏玩法

1. 将 40 张算牌花色朝下摆成一摞，两人游戏，第一个人先翻出 3 张牌，用加法求和作为得分并记录下来，如图 11-3 所示。

2. 另一人也翻 3 张牌，用加法计算得分并记录下来。

3. 等牌都翻完后，统计各自得分，分数高者胜。

游戏目的

- 熟练加法。
- 灵活运算。

图 11-3 “得分我最大”玩法示意

变化与扩展

等加法玩熟练后，可引入减法或乘法。挑出加、减、乘的运算符号牌和万能牌，牌面向下摆放。每次除了翻出 3 张牌之外，还要再翻出 2 张需要使用的符号牌。双方自己决定如何组合使用运算符号，让运算得分最大。如果抽中万能牌，便可以随意决定它代表哪个符号。最后统计各自得分，分数高者胜。

要点提示

◎ **不要用扑克牌替代算牌，否则容易给孩子的认知造成干扰印记。**

算牌是依照教育规律设计出来的教学用具，而对孩子来说，则是游戏的道具。一些妈妈在落实活动的过程中，由于手边没有算牌，就用成人的扑克牌来代替，这个做法会给孩子的认知造成难以磨灭的干扰印记。扑克牌只有黑、红两种颜色，而且牌中的图形都不是孩子日常熟悉的，与现实生活严重脱节。同时，牌中混入了“J，Q，K，A”等字母符号，也会干扰孩子对两位数的正确认识。

实践分享：在玩中理解

孩子的数学作业中有一道这样的题，如图 11-4 所示。孩子想了半天也不会做。之后看到老师给的答案时，他说不理解为什么要“1 减 2”。

请在横线处填“+”或“-”使等式成立。

1____ 2 ____ 3 ____ 4 ____ 6 = 0

答案：1 - 2 + 3 + 4 - 6 = 0

图 11-4　作业中的习题

我不知道应该用什么办法才能让他理解。我正发愁如何才能讲明白时，突然想到，孩子最大的功课就是玩，应该想办法把要学习的内容转换成可以玩的方式，让孩子在玩的过程中理解和掌握。这样的方法，我已经从很多实践中一次又一次地看到了效果，现在只需要想一想，如何才能把这道题变换成玩的形式。我一下子就想到了算牌游戏，只要灵活地变化一下，就是这道题的内容了。

题目中涉及 5 个数字的加减，我想到了那条被反复强调的要点：“要从简化的形式、贴近生活的方式和孩子玩起。”于是我决定把 5 个数字简化为 3 个。掷一个色子，然后每人翻 3 张算牌，使用加减符号把自己手里的 3 张牌凑出色子掷出的数字。

一说玩，孩子的劲头就上来了，而我心里却在盘算，轮到我出牌时，自己的表达方式要不要完全紧扣那道题来解释呢？比如色子的点数是 2，翻出的 3 张牌分别是 1，2，3，只能使用加减法。我既可以先拿起 1 和 3，然后再拿 2，说：“1 加 3 等于 4，4 减 2 等于 2。”也可以先拿起 1 和 2，再拿 3，说：“1 减 2 等于 –1，–1 加 3 等于 2。”如图 11-5 所示，这就是学校那道算式题目的外在形式了。可是孩子还不能完全理解 −1，如果非要从外在形式入手讲解，只怕孩子在不明白的情况下，只能生搬硬套，既不能促进理解，也不会灵活变化，以后再遇到类似的题目，照样做不出来。

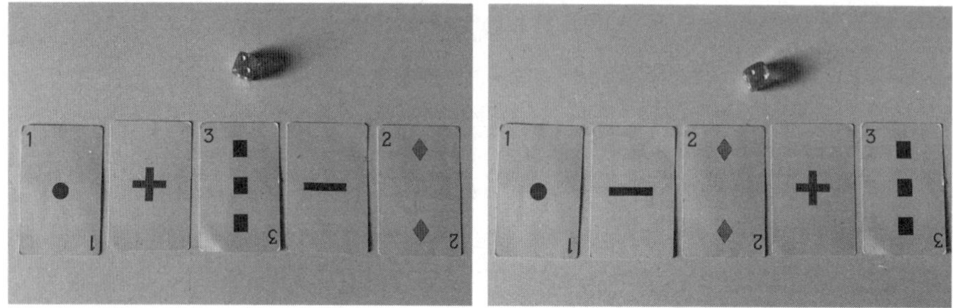

图 11-5　算牌的两种摆放顺序

于是我决定，不套用那道题的外在形式，就按常规的理解思路玩。拿在手里的 3 张算牌是活的，加减符号牌也是活的，孩子自由地摆放和调整，不断验证各种摆放方式得到的计算结果，这不就是理解加法交换律的过程吗？在玩的过程中，在操作的过程中，孩子会理解得更加透彻，而不是把加法交换率当成需要背下来的定律，或是需要记下来的算式。如果玩 3 个数字加减，凑出一个心中想要的数字，这个游戏能玩得熟练、玩得灵活，那么学校那道题的类似题型孩子也就都会了，那个算式，不就是 5 张算牌和符号牌灵活摆放的算牌游戏吗？

这个游戏我和孩子持续玩了一阵子以后，从 3 张牌加到了 4 张牌，一开始孩子觉得有点难，但几天后就熟练了，速度明显提升。再后来增加到 5 张牌时，也经历了同样的过渡状态，最初比较难，需要思考好半天，来来回回计算、调整，当终于想出来时，他简直兴奋坏了，眼里闪着光彩，完全不嫌难、不嫌慢、不嫌费脑子。

后来我将学校那道题变换了一下数字抄在纸上，他很快就完成了，我专门留意了一下他填运算符号的过程，他并不是停在第一个运算符号上想半天，也不是按照从前往后的顺序思考，而是默默念叨着，颠过来、倒过去地组合着那

5 个数字，凑出结果后，再把符号填上，这时他完全不再疑惑为什么会出现前面一个小的数字减去后面一个大的数字的情况了。

与孩子玩算牌过程中的这些思考，以及对孩子点滴变化的观察，让我越来越感到，算牌是个宝，在玩中学的方法是个宝。

当孩子问为什么 1 要减 2 的时候，就是孩子的大脑打算记住一个事情的时候。如果父母或者老师用语言向孩子解释，孩子肯定听不懂，但是他会把这些解释变成一种记忆，不需要理解，反正父母或老师是这么说的，尽管自己听不懂。接着，一次又一次这样的询问换回的是老师、父母一次又一次“自以为是”的讲解，就可能导致孩子彻底采用记忆的方式学习数学了。

这位妈妈的创意，就在于理解了玩的过程中蕴含着威力，那就是灵活、自由地解决眼前面对的问题，以及想要赢的心态。那就让孩子自己想办法解决眼前遇到的难题吧，其实，原理不还是原来的数学原理吗？

第12章

尺子的玩法与测量生活

在夏季，孩子是玩过测量游戏的，那时他们体验过具体的做法、听到过词汇的概念，主要是关于身体的测量：身高、臂长、静摸高、影子长等。这些与自己和家人有关，是围绕着“我”，也就是孩子自己展开的活动，能够让孩子在实际操作的过程中体会“测量”这个动作的含义。基于之前已经充分开展的家庭测量活动，可以进一步扩展和变化，着眼于数字带来的感觉。这种感觉存在于测量前、测量中、测量后，它涉及的不仅仅是对与“我”相关事物的测量，也是从“我”向外延伸，把测量的视野拓宽到自己所处的外部世界和客观环境中，丰富测量的实际意义，比如以下这些活动。

- 自己的身高与洗手池、冰箱、桌子、房门高度之间的关系，什么高度是自己最方便够着的高度？
- 房门的高度及进出的便利性，思考家里的各种家具是如何搬进门的？
- 思考门的宽度与生活的意义：大多数门有多宽？家中大门、厨房门和卧室门、小区居民楼的楼门和电梯门、学校大门和教室门、商场大门、停车场汽车入口分别有多宽？

所有的测量活动，都不是念出一个数字就算完成，这不是测量的目的。测量的目的是要让孩子明白：这个数字与自己的关系是什么？给自己带来的感觉是什么？这些高度，为什么有的高，有的矮？这些宽度，为什么有的宽，有的窄？由测量继续引申，引导孩子的视野向外扩展，在外部的环境中使用测量工具，从而逐步认识外部世界。

孩子大约在 9 岁时，会在学校里接触到像 10 厘米、5 米这样的长度数值和长度单位，对于这些数值，不同的孩子有不同的反应。比如 10 厘米，有的孩子知道这是多长，并会伸出手大致比画出来，这样的孩子在课堂外一定亲自动手参与过测量活动，大脑中有直观、具象的感知；而有的孩子虽然会进行单位换算、数值计算，却对"10 厘米大概是多长"没有概念，他只是依靠记忆力强制自己记下了厘米和米在纸面上、笔头上的关系，却没在大脑中建立数值和感觉的关系，没有形成深化的认识。而要想建立这种关系、感觉、认识，则需要大量的动手操作、触摸、实践。

在反复的不厌其烦的操作中，对于同一件物品，孩子也可能会测得不同的数值，如图 12-1 所示。对于同一件东西，大家各自测量，怎么才能测出相同的数值？只有大家都从刻度 0 开始，与尺子平行而放，并且使用相同一侧的刻度，才能测出相同的数值，这时才意味着，对于这根铅笔的长度属性，大家有了相同的认识。而孩子也会渐渐明白，斜着放不对，不从起始刻度 0 开始测量不对，使用不一致的刻度单位也不对。在反复动手操作的过程中，孩子会不断地自我调校，自然而然地学会和掌握测量的规范操作。尺子对于 9 岁以前的孩子来说，首先应该是个有趣的玩具，然后才是个有用的工具，见到不同的物品就随时随地量一量、测一测，客观数值会与孩子大脑中的感觉紧密联系起来，从而不断深化认识，建立起正确的理解。

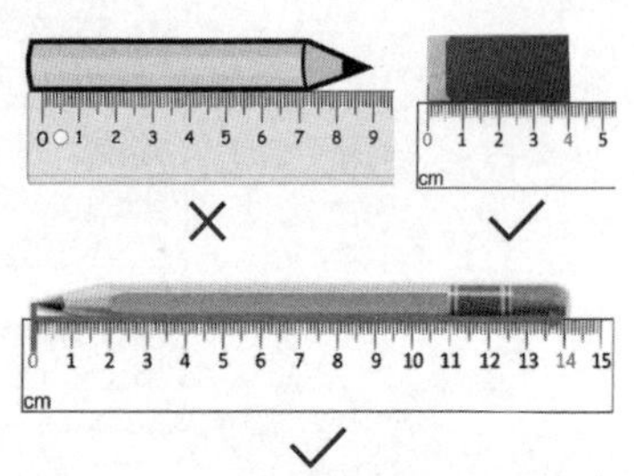

图 12-1　错误的和正确的测量方式

量一量，写一写

游戏编码：3-12-33

重要性等级：★★★

材料准备

● “量一量，测一测”模板，如图 12-2 所示。

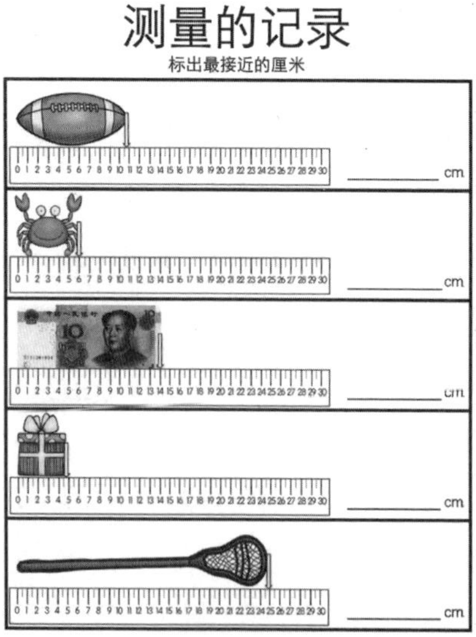

测量的记录

标出最接近的厘米

图 12-2 “量一量，测一测”模板

游戏玩法

1. 在生活中找到类似的实物，和孩子一起测量并记录长度。

2. 在游戏模板上写出图示的长度数值，与家中类似物品的长度进行对比，和孩子一起思考，图示的物品与家中的实物相比，是一样长，还是更短或更长，可以用尺子或者用手比画一下，验证想法是否正确。

游戏目的

- 通过游戏熟悉测量工具及测量的操作方式。
- 将平面图示、长度数值与生活中的实物相联系，在脑海中建立具体的形象和场景，培养对长度的感觉，促进对图示和长度数值意义的理解。

变化与扩展

一开始可以让孩子使用普通的直尺，逐渐可以过渡到多种多样的尺子，比如皮尺、卷尺、三角尺等，用于测量不同长度单位的物体。测量的物体可以由小到大，从手里可以把持的物品到 1 米以上的物体；由室内的到室外的，由静态的到动态的，比如步伐长度等。横着测量的长短，竖着测量的高低，都是距离的实际感受。大脑的认识来自频繁的测量活动。

要点提示

◎ **儿童认知的规律是从具象到抽象，从可以触摸、拿捏、摆弄的实物慢慢过渡到实物的图片，再到更加抽象的示意图。**

在孩子进入纯纸面操作之前，一定要充分进行实物的测量活动，借助具象物品，深入理解和感知长度的概念，形成感觉。否则就会出现如图 12-3、图 12-4 所示的这些问题。这是小学二年级上学期数学课本里的习题，缺乏实际操作经验的孩子看着书本上的内容，往往会犯蒙，因为他们对长度没有概念，对实物和示意图也没有概念，于是只好生搬硬套、机械地用尺子测量书上的示意图，写出“一步长约 2 厘米”“身高是 3 厘米”这样让人哭笑不得的答案。

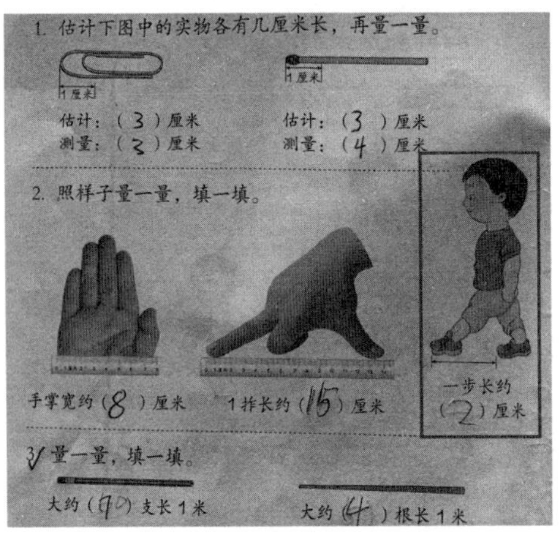

图 12-3　孩子的常见测量错误（1）

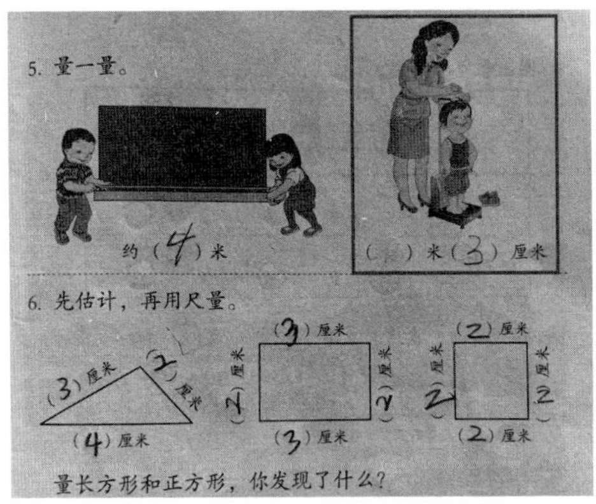

图 12-4　孩子的常见测量错误（2）

实践分享：测量长度，服务生活

关于测量，我用直尺、软尺、卷尺等工具，在家中和小区里做过很多测量活动。有时孩子一起参与，有时他只是凑过来看一眼就跑开了，有时他在屋里，知道我在干什么，但并不过来看，我也仍然进行测量活动。我做得多了，孩子自然就会了，他现在4岁多已经可以独立操作了，不仅知道尺子怎么用、怎么拿、怎么量，还理解了要在刻度0的地方对齐，以及直尺要和测量物平行。我有时候故意把尺子放斜，孩子看见了马上会说："妈妈，尺子应该这样放。"边说边帮我摆平行。动作比画得一本正经，眼神也非常专注，只是读取数值还不太熟练，我就会和他一起读取数值。

测量活动可以融入生活的各种事情中，比如我和孩子烤蛋黄小饼干，家里只有3个烤盘，我嘀咕着说："这3个烤盘烤出来的蛋黄小饼干太少了，家里的烤箱还可以再放几个烤盘，要不我们再买几个烤盘，一次多烤点儿吧？"于是我一边在网上对比两个款式烤盘的尺寸，一边自言自语："应该买多大的呢？大了放不进去，小了又卡不上架子。乐乐，你帮我看一下选哪个合适，一个写着长××厘米，宽××厘米，另一个写着……这两款怎么比较，哪个合适呀？"孩子马上说："看数字呀，比一比不就知道了。"这说明孩子已经对长、宽的表示方法非常熟悉了。

还有一次，家里准备添置一台面包机，我和孩子在网上看图片，边看边跟他说："这台面包机比咱家已经有的烤箱大还是小呢？如果比烤箱大，我们就不要了，家里没有地方放。"然后我拿出尺子测量了家里烤箱的高和宽，孩子补充说："还要测量长呢。"我嘀咕着"长该测哪里"，孩子立马就给我指出来了。我们测好尺寸后把对应的数值贴在了烤箱上，再与网上的面包机图片中显示的长、宽、高进行了比对，孩子说："妈妈，面包机比烤箱小，可以放在桌子下面，用的时候拿到桌子上来就行。"我补充道："嗯，面包机的体积比烤箱体积小，确实有地方放。"

先预估，再测量

游戏编码：3-12-34

重要性等级：★★★

材料准备

- “先预估，再测量”模板，如图 12-5 所示。

游戏玩法

1. 指着模板上的图画和孩子一起估算实物的大小，预估长度并记录下来。找出家中类似的物品，和孩子一起测量实物长度并与估算的数值对比，看看谁预估得最接近。

2. 将测量出来的长度排序，并按照数值的大小顺序将对应的物品名称填写在模板的下方，同时将家里的实物按照长度排序并展示出来。

游戏目的

- 通过看图预估数值，并将实物测量的结果与视觉预估做对比，使脑海中对长度的感觉更清晰、更精确。

- 感受图片的抽象示意作用、模糊对比作用，以及测量数值的精确描述作用。
- 长度是物品的一种属性，可以量化，练习量化比较和排序的操作。

预 估 与 测 量

先找到实物，自己估计一下长度，写下来，然后用尺子测量，写下来。

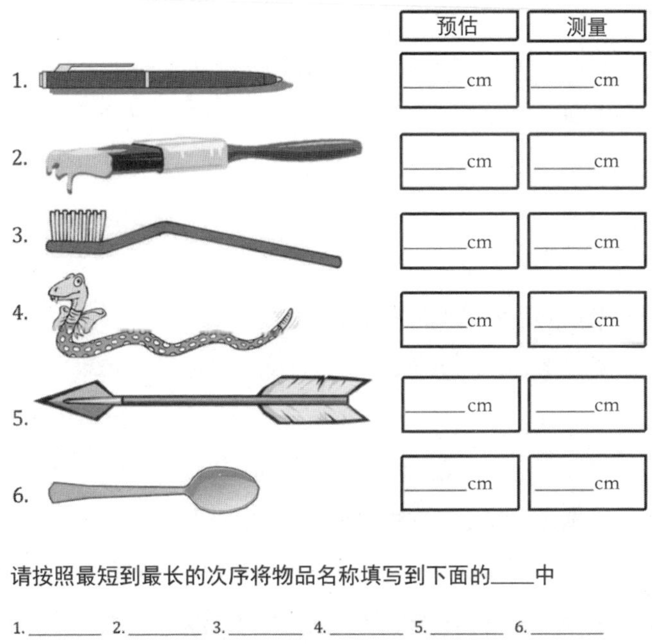

图 12-5 “先预估，再测量”模板

变化与扩展

预估是人类对事物认识的一种发展过程，对一件事物进行预估，就是将大脑中对过去类似事物的感觉，来跟眼前的事物进行比较。从预估的模糊到测量的精确，从测量的熟练到预估的准确，就是大脑的精进过程。

孩子练习预估和测量，可以从小的物品到大的物品，从可以触摸到的事物到触摸不到却看得到的事物。这就是灵活的变化，让测量活动更加有趣，参与性更好，这是好妈妈能够做到的。同时，灵活多变的形式也能培育孩子大脑的灵活性。

要点提示

◎ **在脑海中建立抽象与具象的关联。**

模板中的示意图是一种模糊的对比关系，比如模板中的牙刷和箭，看似长短相近，实物的长度却相差明显，孩子需要在脑海中预估和构建出实物大致的样子以及大小，这是抽象与具象在大脑中建立关联的过程，首先要找到相应的实物，预估长度，然后再测量。

◎ **预估的目的是强化对长度的感觉。**

久而久之，对于什么物品大概在什么长度范围内，孩子会渐渐做到心中有数。

◎ **继续深化长度的感觉与对比。**

比如可以量一量双手，找出能够作为“10 厘米”长度的对比参照的部分，带孩子发现，不同的人，手的大小也是不一样的：爸爸手掌最宽处约 10 厘米，妈妈的中指指尖到中指掌关节处约 10 厘米……

◎ **测量是家庭活动、趣味游戏，而不是布置给孩子并监督他完成的任务。**

妈妈需要共同参与，不断示范，但不要刻意教孩子，也不要纠错，只要专心于自己应该进行的操作，同时自言自语地解释：“从刻度 0 开始，把物品与尺子平行摆放，在物品末端画一个点与尺子对应，看看刻度的读数……”“这回我先预测一下，我的手掌宽 10 厘米，它比手掌稍宽一点儿，我预估它的长度是 12 厘米，让我再测一测，看实际是多少……”示范的次数要足够多，孩子会观察模仿，逐渐调校，最后学会。

◎ **连续测量几个物品后还要比较它们的长短，这不仅是促进对物品长度属性的感觉，更是对长短概念本质的理解。**

长和短，不是纸面上书写的文字，而是在对具体物品的测量和比较中形成的相对关系，数越大，长度越长。基于充分的操作、扎实的感觉，再去理解数，数和感觉就形成了紧密的联系，之后再接触长度，孩子不仅能对数做出直接的判断，还能连带出数感，这样的过程在孩子大脑中强化了对数字意义的理解。

分享生活中的长度

游戏编码：3-12-35

重要性等级：★★★

生活中无处不在的物品，都可以尝试测量，让测量成为习惯，成为生活的一部分。孩子每天学习和生活的环境中，至少能找到10样东西可以测量，比如教室里就有如下这些东西可以测量（见图12-6）：

- 课桌的长、宽、高；
- 椅子的高度；
- 同一列课桌前后的间距；
- 两列课桌间的间距；
- 大黑板的长、宽；
- 小黑板的长、宽；
- 讲台的长、宽、高；
- 教室的长、宽；
- 门框的宽、高；
- 窗户的长、宽。

图 12-6　教室里可测量的地方

父母的办公室里也有很多东西可以测量，比如办公桌、座椅、座机电话、水杯、电脑、台历、记事本、走廊、大门、电梯门等。

材料准备

- 预估和测量的记录表格模板。

游戏玩法

1. 在与孩子互动的过程中，妈妈应该自己先制作表格，将预估值、实测值和自己的测量过程及思考都记录下来，在周末时与孩子分享并回顾自己的记录，如图 12-7 所示。

2. 基于这样的记录，还可以与家里的空间和家具进行对比，孩子虽然没有去过妈妈的办公室，却可以尝试根据表格中的信息想象和构建这些物品在空间中的样子，这种空间感就是数感与数值的紧密结合，而妈妈与孩子之间的交流，也有了更多的细节内容和实际意义。

序号	测量对象	预估值（cm）	实测值（cm）	备注
1	办公室走廊：宽度	190	185	我的身高是 165cm，我双臂向外完全平展的长度是 170cm，我在走廊里展开双臂感受了一下，走廊的宽度比我双臂平展开还要宽一些，于是预估是 190cm
2	办公室铁皮文件柜：高度	150	150	我的身高是 165cm，铁皮文件柜到我下巴左右；文件柜有通用尺寸，150cm 的高度非常常见

图 12-7 预估和测量的记录表格模板

3. 对于具体物品，可以进一步与孩子讨论，进行比较，看看最短的和最长的物品是什么。

4. 进一步推进，如果一个物品再长 10 厘米、15 厘米、30 厘米、2 米分别是多长，与什么物品的长度接近？在这些活动和讨论中，孩子会逐步感知长度既可以是个常量，也可以发生变化，比如教室课桌的前后间距是变化的，可以根据就座人的胖瘦随时调整，于是长度也可以是一个变量。在这样的操作中所形成的长度概念，不再是一个固定不变的常数，而是一个视觉中的变数。

5. 妈妈的充分示范以及“不教”、不强求的低压力姿态，会激发孩子参与和模仿的兴趣。当孩子提出也想分享自己对于教室的测量时，妈妈可以为孩子准备这样的记录表，和孩子约定各自测量哪些东西并记录下来，等到周末时一起讨论。

游戏目的

- 通过持续关注生活中随处可见、容易感知的长度，培养数感，增加常识，提升实际生活中的基础能力和判断力。
- 进一步理解量化、对比、排序和变化规律。

变化与扩展

家中每个房间都能找出至少10个可测量的东西，比如客厅里可以测量电视的长、宽、高，电视柜的长、宽、高，书架每个格子的长、宽、高，地毯或脚垫的长、宽，等等。

要点提示

◎ **认识周围的物体，认识事物的属性。**

能力的培养是从家庭开始的，知识从记录信息开始，智慧则从对记录信息的回顾和比较中萌发。

◎ **随时观察、随时思考、随时记录，实际能力都源于生活点滴。**

长度是生活中最容易观察、感知、测量的物品属性之一，只要妈妈熟练掌握了做法，就可以利用随身携带的软尺或者天生自带的测量工具比如臂展长度、一拳的长度、一拃的长度等，随时随地与孩子开展活动。这些灵活的做法、不同的视角、反复的操作，对孩子来说都是最好的学习。

我的项链有多长

游戏编码：3-12-36

重要性等级：★★★

材料准备

- 粗线绳一卷。

游戏玩法

1. 将线绳量出 5 段相应的长度并剪开成段，长度分别是 38 厘米、40 厘米，42 厘米、44 厘米、46 厘米，并用透明胶带给这 5 段绳子分别做好标记：A，B，C，D，E。

2. 与孩子讨论，如果用绳子做项链，多长的绳子适合妈妈，多长的绳子适合爸爸，多长的绳子适合他自己？这 3 根适于给家人做项链的绳子，哪根最长，哪根最短？最长的和最短的绳子之间相差了多少？一起在表格里做好记录，如图 12-8 所示。

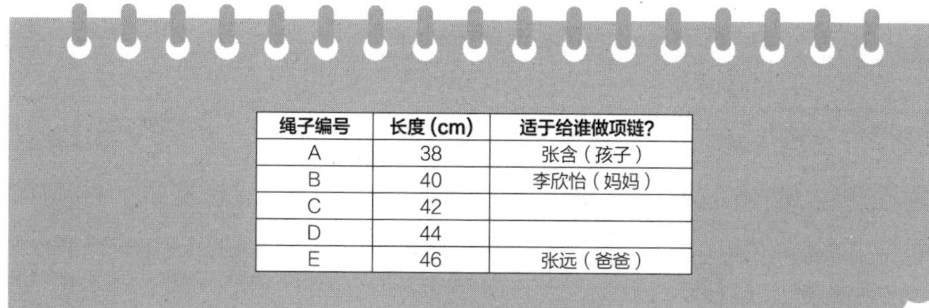

绳子编号	长度（cm）	适于给谁做项链?
A	38	张含（孩子）
B	40	李欣怡（妈妈）
C	42	
D	44	
E	46	张远（爸爸）

图 12-8　项链适合谁

游戏目的

- 培养孩子的数感、长度感。
- 促进对长度在实际生活中的意义的感知。

变化与扩展

玩过这个游戏之后，孩子知道可以临时用绳子当测量工具，对不同物体进行测量和比较。还可以尝试使用树枝、布条等做测量工具，慢慢地孩子会发现，许多材料都可以当作测量工具。这是最好的展示，能够让孩子理解，现实生活中看到的许多东西可以为自己所用。这个道理，仅通过说教是难以让孩子信服的，只有通过对不同材质的东西进行取用，把它们当作测量活动的实际工具，才能够让孩子自己形成这样的认识。

要点提示

◎　**以实际操作促进孩子数感的形成。**

测量长度、剪裁绳子、进行标记、在脖子上对比、在表格中记录……这一系列的触摸、操作、手眼协调都有具体的目的性和实际意义，能够促进孩子的数感和理解力的形成。

◎ **为未来课堂上的学习做好铺垫。**

如果孩子在家中已经玩过了，那么等到课堂上老师再讲解相关内容时，孩子就不会感到陌生，更不会感到惧怕，而是非常有信心地认为这只不过是他玩过的、已知的一部分，老师不过是换了一种讲解方法和形式而已。

从动手拼搭乐高积木形成对称图形，到六面体色子的活动，再到特殊设计的算牌，这些活动构成了孩子大脑中属于收获季节的秋季的核心。这个季节的活动，最突出的特点就是动手，拼搭对称图形是动手，掷色子是动手，摆弄算牌也是动手。动手、身体力行就是收获季节的主要活动了。通过调动触觉、参与游戏，孩子在快乐中熟悉了运算，熟悉了图形，熟悉了数字的变化……

将这些活动按照重要程度来一一落实，通过一段时间的多次重复，便能培养孩子自己形成认识，同时也成就了孩子积极主动的态度，快乐的学习，以及没有作业、习题痕迹的大脑智力发育。好妈妈，总能勤于落实，只问耕耘，结果自然而来。

随后，就进入了大脑智力发育的冬季……

Math
Taught
by
Mum

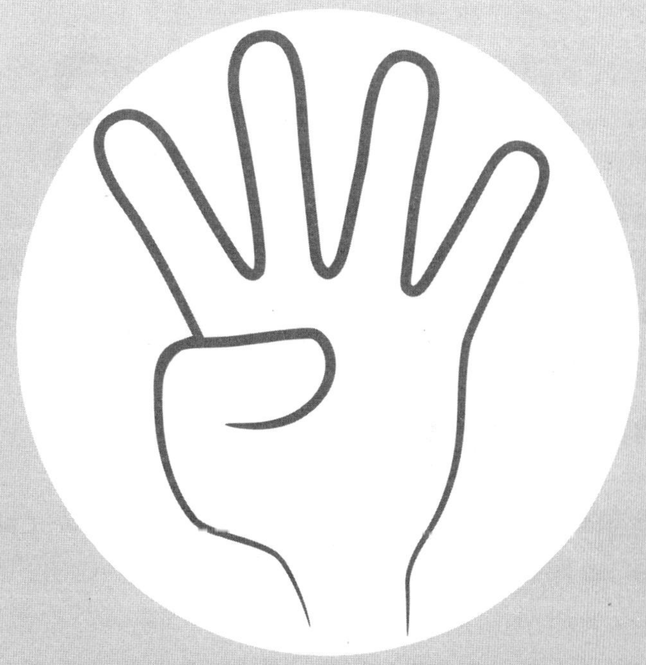

第四部分

WINTER

冬季：在时间规划中形成自主人生

第 13 章

时间：成长的标记，现实的触摸

春季，我们带孩子认识了钟表，不仅提供了模板，还教孩子学会了自己制作钟表。

如果妈妈们落实了春季部分的做法，为孩子充分地示范过，和孩子一起玩过钟表和时间的互动游戏，那么孩子应该对表盘和时间有了初步的掌握和理解。时间是什么？时间并不是钟表，时间需要与感受相联结。人的大脑是如何感受过程的呢？这一章的内容就围绕时间的实际感受来进行。

家庭中创设的数感氛围强调的是对数学的感觉，而不是教室里的知识，没有考试、没有练习题，它建立在内心的感觉之上，是视觉、听觉、触觉、味觉、嗅觉的感受，以及智力层面对于数学的感受。比如教师的讲课经验非常丰富，不需要专门看表，心里就知道讲几句话或者讲多少内容用去了多长时间，这就是对时间的感觉。我们生活中常说的一根烟的工夫（5 分钟左右）、一顿饭的工夫（15 分钟左右）、一炷香的工夫（30 分钟左右）等，表达的也是对时间的感觉。父母在与孩子互动的过程中，能否促进孩子形成对数字、数量和时间的感觉呢？

时间是一个过程，孩子是否真正体会过，父母是否真正让孩子体验过？

认识时钟只是感受时间的第一项任务，即看懂时间的“标记”。孩子需要体会的是在不同的时间“标记”中，自己各种各样的感觉，以及在时间的维度中，在自己做事情时，事情带给自己的感受。

通过春、夏、秋、冬四季的家庭活动的落实，好妈妈在家庭中为孩子创建了家庭数学环境，形成了一个数学感觉的氛围，并调动起儿童聚焦事物发展的认知过程，以及对知识的认知过程。过程中的要点是体验，体验又涉及具体做法，不是光动嘴不动手地讲解长针短针、小时、分钟……而是要拿出可操作、可互动、可反复玩的具体做法来。

跑到中午

游戏编码：4-13-37

重要性等级：★★★

材料准备

- 表盘模板 2 张，如图 13-1 所示。
- 橡皮泥。
- 色子 2 个。

游戏玩法

1. 用橡皮泥捏出表盘的时针。

2. 妈妈和孩子轮流玩游戏，由自己决定是掷 1 个还是掷 2 个色子。

比如父母先掷，选择掷 2 个色子，结果点数之和是4，就可以边动手摆放橡皮泥边说：

图 13-1　表盘模板

“现在是凌晨 4 点，我会跑到中午，跑到中午 12 点需要跑 1，2，3，…，7，8，一共 8 个小时。”一边旋转橡皮泥指针，对准不同的钟点，一边念出跑过了几个小时。

3. 轮到孩子玩时，步骤相同。

游戏目的

- 通过动手操作的具体做法，加深对表盘，也就是时间标记的理解。

变化与扩展

制作特制色子：用硬卡纸制作一个大号的纸质色子，或者用双面胶将现有色子的 6 面贴上相应大小的白纸片，色子的 6 个面分别写上：前进 1 小时、前进 2 小时、前进 3 小时、后退 2 小时、到达 12 点、到达 6 点。

妈妈和孩子各用一个表盘模板，将橡皮泥指针放在 12 的位置上，大家轮流掷色子，按色子的提示操作橡皮泥指针，看谁最快将指针再次调整到 12 点上。还可以变化为跑过午夜、跑过凌晨、跑过下午等。

要点提示

◎ **这是对时间的动态学习过程，既有操作，又有灵活的变化。**

◎ **充分示范，不要说教和解释。**

过程中，妈妈要充分地为孩子示范，自言自语地做，不要说教，也不要解释什么是中午，什么是午夜。玩的过程中，孩子自然就可以自如地将这些名词与具体的时间联系起来了。

1分钟可以做到的事情

游戏编码：4-13-38

重要性等级：★★★

材料准备

- 1 分钟事情模板，1 小时事情模板，如图 13-2 所示。

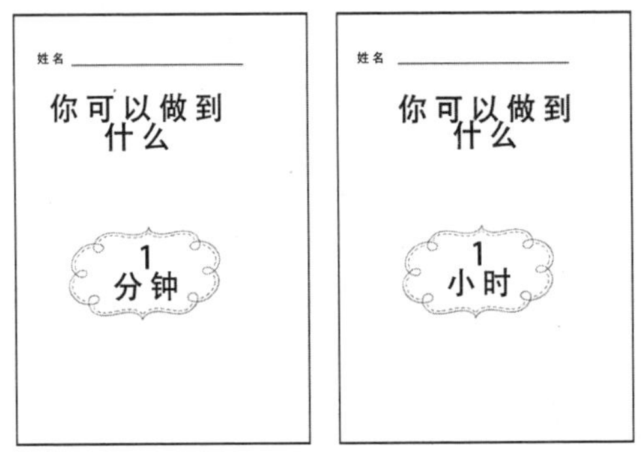

图 13-2 1 分钟、1 小时事情模板

游戏玩法

1. 妈妈可以和孩子以头脑风暴的形式在模板的空白处共同填写 1 分钟可以

完成的事情，如图 13-3 所示，并在之后的生活中刻意计时，验证一下，比如可以写下以下这些事情：

- 煎 1 个荷包蛋；
- 刷 3 个碗；
- 吃 2 块饼干；
- 写 8 个汉字（孩子）；
- 上床睡觉前脱衣服；
- 跑 200 米（孩子）；
- 跳绳 60 个；
- 踢毽子 30 个；
- 看一段广告；
- 刷牙；
- 讲一个笑话；
- 梳头发、扎辫子。

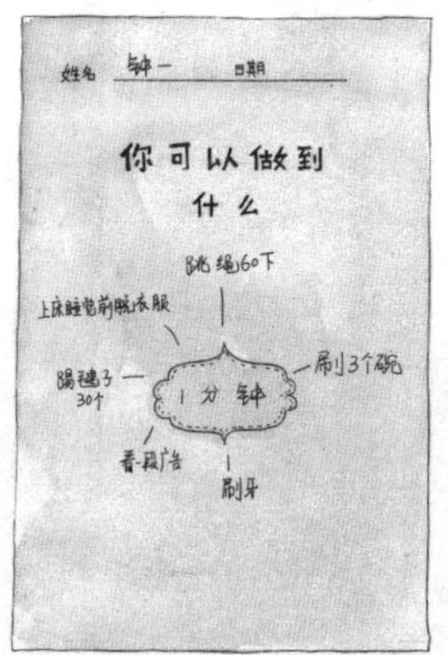

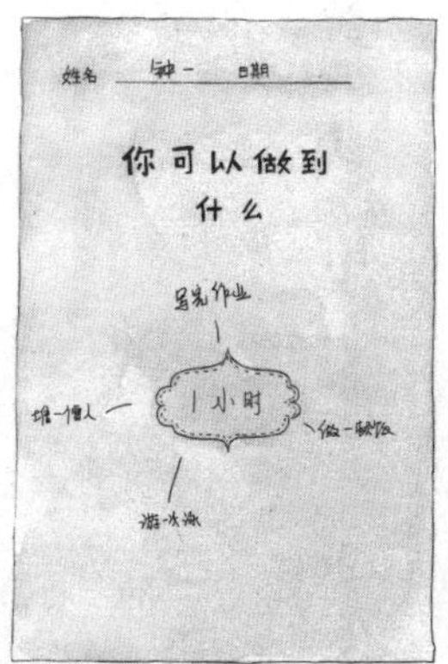

图 13-3　填好的“1 分钟、1 小时事情模板”

2. 可以制作多个 1 分钟模板，想到了就补充上去，并把写好的内容贴在家里显眼的地方。

3. 充分玩过 1 分钟模板之后，可以用同样的方法继续和孩子一起填写 1 小时可以做的事情，写好后同样需要张贴在家里。

游戏目的

- 关注一定的时间长度内能够完成的事情和体验。
- 感知时间的变化和时间的作用。

变化与扩展

1. “时间的感觉”模板，如图 13-4 所示，和孩子一人一份各自填写，可以跟孩子一起讨论并留意生活中做这些事情需要多少时间，也可以自己为孩子制作类似的模板，扩展更多的内容。

姓名 ________ 日期 ________

时间的感觉

画上圈，用多长时间

1. 乘坐公交车去学校
   1 分钟 30 分钟 1 小时

2. 挥手与同学再见
   1 秒钟 5分钟 1 小时

3. 做一个鬼脸
   1 秒钟 5分钟 1小时

4. 回家后写数学作业
   1 分钟 30分钟 1 小时

5. 学校上一节课
   5分钟 20 分钟 45分钟

6. 滑滑梯
   1秒钟 5秒钟 10分钟

图 13-4 “时间的感觉”模板

2. 画表盘模板，如图 13-5 所示，跟孩子一起，根据时间画出表盘的指针。

3. 时间的标记模板，如图 13-6 所示，根据表盘显示的开始时间和结束时间，看看张雨晨完成不同的事情分别用了多长时间。

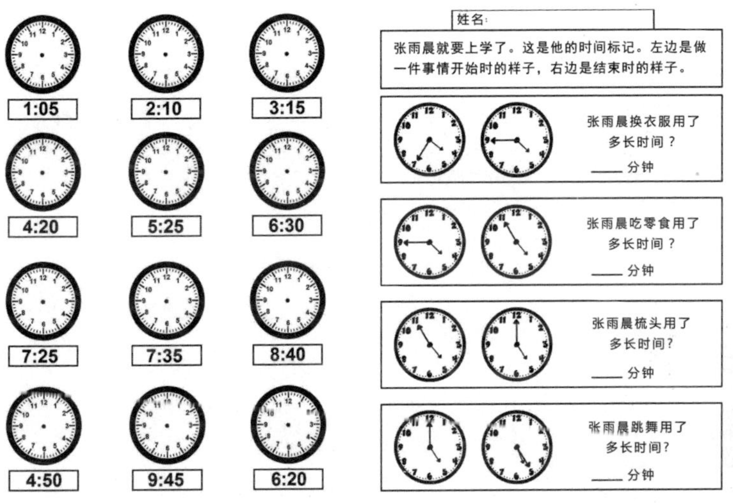

图 13-5　画表盘模板　　　图 13-6　时间的标记模板

要点提示

◎ **关联具象与抽象，多方面深化孩子对时间作用的感知。**

这些灵活多样的动态活动，既有讨论又有计时观察，既有可随意摆放的橡皮泥指针，又有需要自己画出的表盘，不仅从多方面丰富和深化了孩子对时间作用的感知，也将抽象的时间与具象的事情关联了起来，让孩子感受事件与时间的对等关系：1 分钟等于刷一次牙，等于扎一次辫子，等于煎一个荷包蛋……1 小时等于全家一起有说有笑地吃一顿饭，等于踢一次足球，等于下几局围棋……

◎ **让孩子逐渐形成对时间的掌控感。**

了解与自己密切相关的事情做完需要多长时间，孩子会形成对时间的把握感、可控感，知道自己的行为需要在多长时间内达成结果，从而自主地调整行为。

◎ **时间不是作业题，而是对生活过程的感受。**

时间不是数学作业中的练习题，不是小时和分钟的单位换算，时间是大脑工作的节拍，是生活的标记，由分钟到小时，由小时到天，由天到星期，由星期到月，由月到季度，由季度到年，我们和孩子一起感受生活的过程，认识时间的规律。

影子与时间

游戏编码：4-13-39

重要性等级：★★★★

材料准备

- 粉笔。

游戏玩法

1. 用粉笔在户外标记一个固定的站立点，每天上午、中午、下午测量影子时都站在相同的位置，并用粉笔勾画出影子的轮廓，直观地显示出影子的变化过程，如图 13-7 所示。

2. 量一量影子的长度并记录下观测时间，如图 13-8 所示。这是除了表盘之外，时间的另一种刻度和活动过程的标记方式。

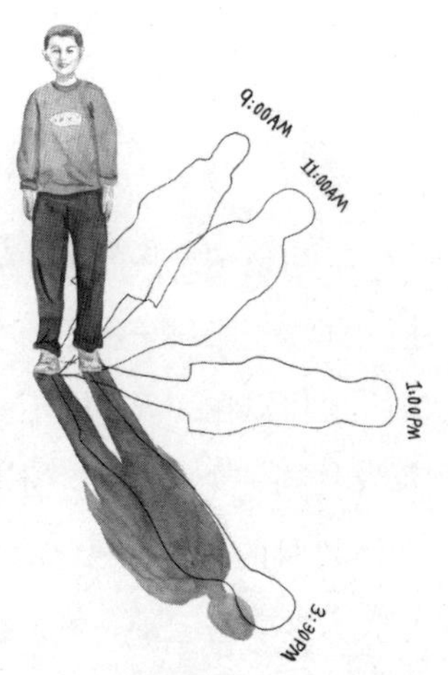

图 13-7　用粉笔勾画影子轮廓

姓名：________　　身高（cm）：________

序号	日期	时间	影子长度（cm）
1			
2			
3			
4			
5			
6			
7			
8			

图 13-8　影子长度记录表

游戏目的

- 通过可视化的、直观的方式观察客观规律，增加生活常识：每天不同时间太阳的位置、影子的位置、影子的长度变化。
- 培养关注自然现象的兴趣，以及将生活细节与自然现象相联系的能力。
- 体验感知时间变化的不同方式。

变化与扩展

1. 可以记录人的影子的变化，也可以记录树木影子的变化，还可以带上一把尺子，记录尺子影子的变化。

2. 可以在一天里的不同时间，对同一个物体影子的长度进行比较，以及在每天的同一个时间，对不同物体影子的长度进行比较，并通过视觉目测这些物体自身的高度，再结合影子的变化，来理解树木的高度。猜测、思考、比较，只要表格记录完整，数据足够多，孩子就能渐渐估出一棵难以测量的树木的高度。

要点提示

◎ **一切以家庭为主的活动，都不以说教的形式进行，没有固定的教学内容，没有明确的教学任务，却涵盖了生活中必需的常识、必要的知识、必备的生活技能。**

这些生活知识和能力是学校给不了的，也因此体现了家庭活动的特点，即大人不是提供准确答案的人，而是陪同孩子一起参与活动的人，是让孩子有机会看到大人在活动中也在思考的状态。有时，大人也不知道眼前问题的解决方案，孩子看到大人的这种状态，才会激发自己想要解决问题的意愿，才有动力。这就调动了孩子的积极性、主动性，也才会有探索、体验的行为。这是非常难得的，也是唯有在家庭中、在父母参与的活动中才能够实现的目标。

温度与时间

游戏编码：4-13-40

重要性等级：★★★★

材料准备

- 天气趋势记录表。

活动做法

1. 根据天气预报连续记录 30 天的最高、最低气温。

2. 把气温变化趋势画成折线图，就能看出气温随时间的变化，整体趋势是在上升，还是在下降，如图 13-9 所示。

活动目的

- 培养记录日常生活的习惯。
- 体会、回顾和纵览，逐渐在大脑中形成事物以时间为变化诱因，并随着时间逐渐变化的认识。这个认识，是数学中的一个重要的概念认知。

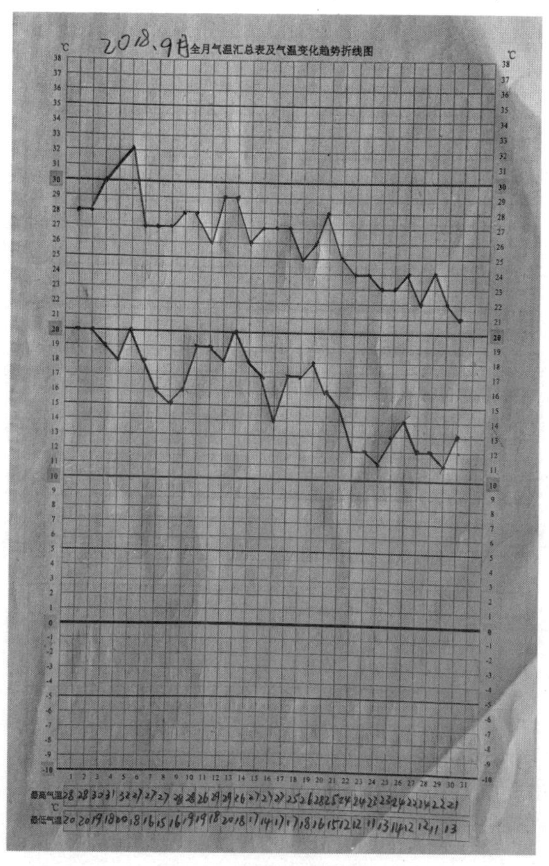

图 13-9　天气趋势折线图

变化与扩展

1. 当孩子记录每日温度成为习惯后，就可以扩充表格，增加记录着装的细节，比如今天穿几件衣服、外衣的厚度等。

2. 之后还可以增加出门的时间或者太阳升起的时间等。随着表格的内容逐渐丰富，孩子的大脑对事物的认识也会越来越立体、全面、系统。以时间变化为核心的驱动，会带来一系列的变化。这种对变化的感觉是教不会的，只能从孩子自身的体验、参与的活动中得出。

要点提示

◎ **这样的家庭活动，妈妈要自己坚持做下去。**

当孩子经常看到大人专心致志地每天都做这件事情时，才会有所感觉，才能够出现参与的意愿，才会提出问题，引发思考。这个时候，不需要给他讲解，而是继续做就可以了。妈妈的坚持，便能让孩子渐渐也养成这种习惯。

◎ **表格不仅要写下来、画出来，还要张贴出来，贴在家里醒目的地方，全家人都能看到，就会在交谈的话题中涉及，这就形成了氛围的布局：能听到，能看到，还有了参与其中的心情。**

日出日落时间

游戏编码：4-13-41

重要性等级：★★★★

材料准备

- 日出日落时间记录表。
- 日出日落趋势图表。

活动做法

1. 根据预报信息，连续记录每天日出日落的时间。
2. 寻找日出日落时间的变化规律，如图 13-10、图 13-11 所示。

活动目的

- 形成时间变化影响一切的认识。
- 通过表格记录的形式，增加认识事物整体化的感觉。

日期	星期	日出	日落
2018-10-1	星期一	6:10	17:57
2018-10-2	星期二	6:11	17:56
2018-10-3	星期三	6:12	17:54
2018-10-4	星期四	6:13	17:52
2018-10-5	星期五	6:14	17:51
2018-10-6	星期六	6:15	17:49
2018-10-7	星期日	6:16	17:48
2018-10-8	星期一	6:17	17:46
2018-10-9	星期二	6:18	17:44
2018-10-10	星期三	6:19	17:43
2018-10-11	星期四	6:20	17:41
2018-10-12	星期五	6:21	17:40
2018-10-13	星期六	6:22	17:38
2018-10-14	星期日	6:23	17:37
2018-10-15	星期一	6:24	17:35
2018-10-16	星期二	6:25	17:34
2018-10-17	星期三	6:26	17:32
2018-10-18	星期四	6:27	17:31
2018-10-19	星期五	6:28	17:29
2018-10-20	星期六	6:29	17:28
2018-10-21	星期日	6:30	17:27
2018-10-22	星期一	6:31	17:25
2018-10-23	星期二	6:33	17:24
2018-10-24	星期三	6:34	17:23
2018-10-25	星期四	6:35	17:21
2018-10-26	星期五	6:36	17:20
2018-10-27	星期六	6:37	17:19
2018-10-28	星期日	6:38	17:17
2018-10-29	星期一	6:39	17:16
2018-10-30	星期二	6:40	17:15
2018-10-31	星期三	6:41	17:14

图 13-10　日出日落时间记录表

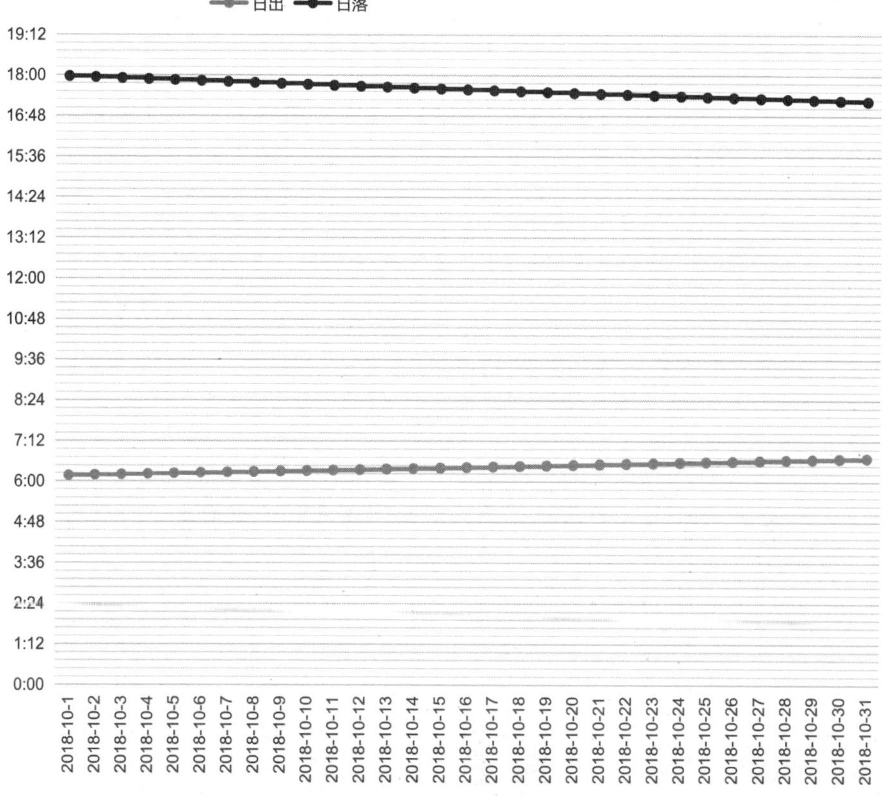

图 13-11　日出日落趋势图

变化与扩展

1. 记录日出日落时间的同时，还可以着手记录对月亮的观察。月亮每日的升起时间不同，记录下来，可以将多个表格进行比较，孩子慢慢也就能形成自己的认识。

2. 再进一步，还可以扩展为家庭用餐时间的记录、饮食内容的记录等，这样能够培育出有条理、有次序、努力认知的思维习惯。

要点提示

◎ **这类活动都是长期的活动，是依靠持久、日常的落实才有效果的。**

这恰如冬季，表面上万物沉寂，实际上，生命的勃发从来没有停止过。妈妈默默的行为形成的一种氛围，是无形的力量，在每一天平常的日子里不断影响着孩子大脑的认知能力，并形成孩子系统化、科学化地缜密思考的基础。

◎ **记录是科学研究的核心基础行为。**

通过每日的表格记录，不知不觉在家庭中形成了一种科学习惯，也就为孩子培育了一个为科学研究做好了准备的大脑。

植物的生长

游戏编码：4-13-42

重要性等级：★★★

材料准备

- 豆子。
- 水。

活动做法

和孩子一起发豆芽，用 5 天左右的时间记录下豆芽萌发的过程，如图 13-12 所示。或者跟孩子一起观察植物的生长，用 1 ～ 3 个月甚至更长的时间，制作植物生长观察记录，写下日期、变化、可以测量的数值等，如图 13-13 所示。

活动目的

- 了解种子的萌发过程。
- 通过定时观测，用实物的视觉变化结合测量数据，感受种子随时间变化的生长规律。

- 感受生活场景中各种属性的测量：时间点、时长、初始时种子的重量、浸泡用水的体积、发芽长度。

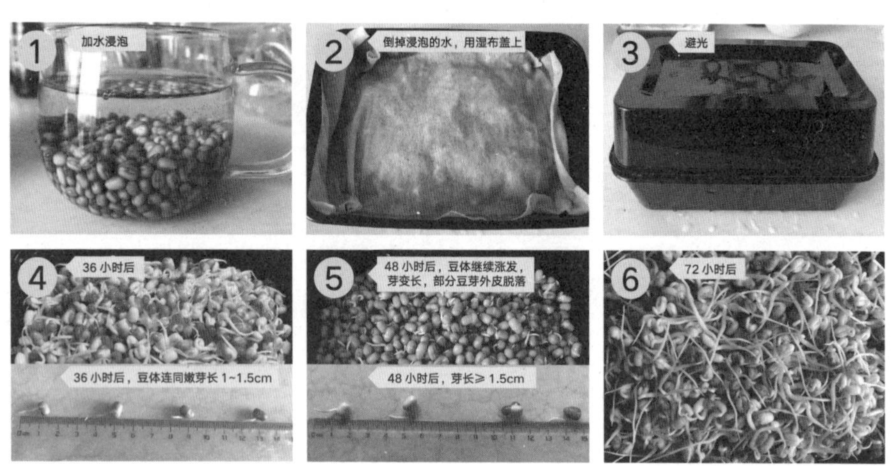

图 13-12　发豆芽的过程

<table>
<tr><th rowspan="2">日期</th><th rowspan="2">星期</th><th rowspan="2">时间</th><th rowspan="2">进行时长</th><th rowspan="2">操作及观测</th><th colspan="3">可测量值</th><th rowspan="2">观测人</th></tr>
<tr><th>对象</th><th>数值</th><th>单位</th></tr>
<tr><td rowspan="2">2019-4-6</td><td rowspan="2">星期六</td><td rowspan="2">21:30</td><td rowspan="2">0</td><td rowspan="2">拿出干绿豆，加水浸泡</td><td>绿豆重量</td><td>90</td><td>g</td><td rowspan="2">陈红、赵言</td></tr>
<tr><td>加水量</td><td>150</td><td>ml</td></tr>
<tr><td>2019-4-7</td><td>星期日</td><td>6:30</td><td>9 小时</td><td>绿豆变大，倒掉水后放入避光的盒子，盖上湿布</td><td></td><td></td><td></td><td>陈红、赵言</td></tr>
<tr><td>2019-4-8</td><td>星期一</td><td>9:30</td><td>36 小时</td><td>长出白色的细芽</td><td>豆体及细芽长度</td><td>1 ~ 1.5</td><td>cm</td><td>陈红</td></tr>
<tr><td rowspan="2">2019-4-8</td><td rowspan="2">星期一</td><td rowspan="2">21:30</td><td rowspan="2">48 小时</td><td>豆体继续发胀，芽变长，部分豆皮脱落</td><td>豆体及细芽长度</td><td>1.5 ~ 2</td><td>cm</td><td rowspan="2">陈红、赵言</td></tr>
<tr><td>将绿豆分成 A，B 两份：A 份在绿豆上方压上重物增加豆芽生长难度，目的是使豆芽不会快速变长而是变得更粗壮
B 份不加重物</td><td></td><td></td><td></td></tr>
<tr><td rowspan="2">2019-4-9</td><td rowspan="2">星期二</td><td rowspan="2">21:30</td><td rowspan="2">72 小时</td><td rowspan="2">A，B 两份豆芽芽体都变得更长，但 B 份整体的长度明显长于 A 份豆芽，而 A 份豆芽显得更粗一些</td><td>A 份豆体及细芽长度</td><td>5.5 ~ 6</td><td>cm</td><td rowspan="2">陈红、赵言</td></tr>
<tr><td>B 份豆体及细芽长度</td><td>6 ~ 6.5</td><td>cm</td></tr>
</table>

图 13-13　泡发绿豆芽的记录表

变化与扩展

1. 观测家中其他植物的生长，制作刻度尺插入花盆，再选取植物主干的明显位置，用油性笔标记，每个月观测植物主干的生长情况。

2. 对开花植物进行开花时间和花期长短的记录。

3. 记录每次浇水的日期，通过反复尝试和方法调整，找到喜干植物和喜湿植物的浇水规律。

要点提示

◎ **通过时间的变化引发视觉上的可见变化，从而引发源自孩子内心的对时间作用和意义的思考。**

在活动中引发孩子对时间的思考，要比父母和老师反复跟孩子强调“要珍惜时间”等说教式的大道理更有效。时间不仅仅是数学概念、数学工具，更是大脑对“度过”过程的感受。

时间里的自我行为

游戏编码：4-13-43

重要性等级：★★★

材料准备

- 纸、笔。
- “时间里的自我行为”模板，如图 13-14 所示。

今天我学到的一件事是：	今天，我遇到的最难的一件事情是：
昨天我做的事情今天用上了，这件事情是：	昨天的一件事，今天还要做，这件事是：
今天准备了明天可以用上的事情是：	今天我做的事情，明天就会感觉到变化，这件事情是：

图 13-14 “时间里的自我行为”模板

活动做法

1. 制作模板卡片 6 张，在孩子在场的情况下每天抽签，用 30 ～ 50 字把抽到的卡片内容填写完整，写上日期，单独记录下来。如果孩子主动提出也想参与，就为他单独准备一个属于他自己的记录本，如果孩子太小不会写字，父母可以代为记录，但不能强迫和要求孩子参与，或者纠正孩子的表达。

2. 坚持记录一个月后，再和孩子一起回顾这些内容，这会让他逐渐意识到自己的行为与昨天、今天、明天的事情之间的关系，这种通过具体活动和每日落实所形成的感悟，远胜过空洞的说教。

活动目的

- 培养父母与孩子平等、平和交流的习惯。
- 回顾每天的事情在头脑中留下的痕迹，提取重要的痕迹，用自己的语言解释和分析，赋予事情自己的解释和意义。
- 感受行为、时间的积累及其与结果之间的关系，促进对事件和行为的理解，增强因果逻辑分析能力。

变化与扩展

记录不同日子里不同家庭成员的不同行为，还可以记录每天学校里的不同课程及其对应的不同作业，分门别类以日期的形式体现在表格中。这是对大脑中纷繁复杂的事物的一种清晰归纳、清晰呈现的方式。父母也可以制作有关自己工作内容的表格并坚持记录，这也是梳理自己工作的一个过程。

要点提示

◎ **让孩子有更多的机会听到父母的行为决定、事件分析、自我解释。**

妈妈和孩子共同参与，这才是真正的交流，而不是单向要求孩子“你说吧，我听着呢，快说，给我讲讲怎么回事”，或者向孩子灌输“我已经跟你说了好多次了，怎么就是不听呢，你应该……”等说教。

父母也要梳理自己头脑中的思路，把游戏中涉及这些话题的具体事件或具体过程讲给孩子听，让孩子有机会了解其他人的行为、想法、态度，这样孩子才有可能主动地进一步思考这些事情跟自己有什么关系，对自己有什么借鉴意义。这些日常讨论和点滴思考，会培养和激发孩子的思维，让孩子主动调整自己的行为，形成掌控时间的主动性。

第14章

日期：积累过程的认识

父母是否记得，最初是以什么方式带孩子认识时间的？先认识年、月，还是先认识分、秒？好妈妈是通过每一天的具体活动来帮助孩子主动认识时间的。

先知道年、月，再接触天、小时、分、秒，这是从长时间单位变成短时间单位的逐渐缩小的过程，以这样的方式，更容易聚焦眼前和当下。而由分、秒到小时，再到接触天、星期、月、年的过程，是时间视角的延长，这种方式更容易让孩子着眼于未来。好妈妈知道，孩子认识事物的过程是具象的，不是抽象的。

前文已涉及熟悉分秒、了解表盘、观测1分钟的心跳次数、留意生活中1分钟或1小时能做的事情等，由感受眼前的时间渐渐放开到对日子的实际感受，再进一步放开到对日期的理解。形成“事情由眼前的点滴汇聚而成”的认识，进而形成规律感、计划性和期待感，培养用眼前行为为将来做铺垫的感觉。

50年前在欧洲，孩子到10岁左右才开始认识周和季度。而由于营养水平、养育水平以及对大脑发育规律认识的提升，现在的孩子在7岁左右就能够认识和理解天、周、季度，并对时间有了大致的概念。

熟悉月历

游戏编码：4-14-44

重要性等级：★★★

材料准备

- 家中常见的月历。

活动做法

1. 先带孩子熟悉月历。
2. 在月历上进行标记，感受数字的作用。
3. 利用规律为自己的下一步做规划。

比如：哪一天过生日？还有多少天才到自己的生日？过生日的前3天应该做什么准备？进而让孩子形成一种感受，即为了某一个日子，当下是可以做一些事情的，而不是通过说教的方式来教育孩子“现在要为将来做准备”。“未来”是一个非常抽象的、看不见摸不着的词，当孩子还不熟悉月历，不知道下个星期、下个月的安排，不知道自己的生日与当下的关系时，就与孩子谈“未来”，是空洞而没有意义的。不如从眼下开始，跟孩子谈谈今天完成了什么，明天要干什么，下一周要干什么，然后标记在月历上。

活动目的

- 理解月历中相互锁定的概念。
- 理解日期相互加减的概念。
- 理解一周又一周循环往复的概念。

变化与扩展

1. 除了标记事情的安排外，还可以逐步引入其他方面的记录，比如通过以下方式逐步引入更多的记录，但建议每种记录都持续一段时间，再引入新的内容，每天记录一句话就行。

- 今天很冷 / 今天很热，衣服都湿透了（身体感受）。
- 今天最高气温 6ºC，最低气温 -7ºC（客观事实）。
- 今天非常兴奋，因为去看了电影（情绪感受）。

2. 等到月末跟孩子一起翻看月历，回顾这一个月的点滴时，如图 14-1 所示，孩子自然就建立了过去、现在、未来的认识。再看空白的即将开始的下一个月，又

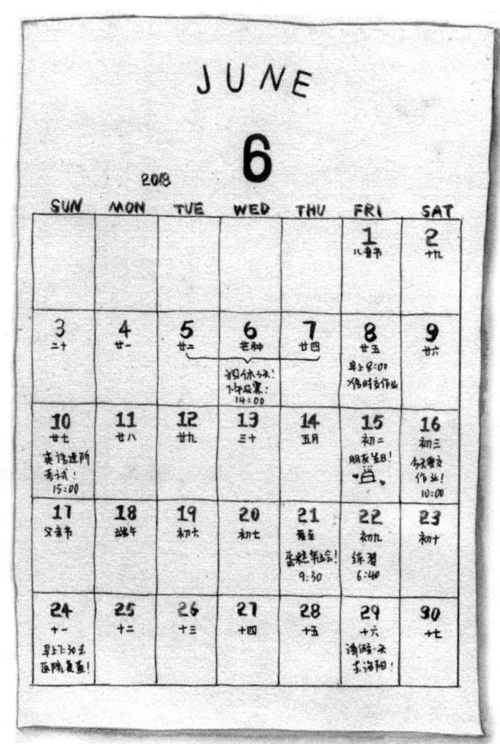

图 14-1　记录过的月历

可以把美好的生活点滴记录在上面，这就是一本个性化的、属于自己的月历。

要点提示

◎ **通过这样的过程，孩子慢慢会明白月历上每一个元素之间的相互关系。**

如图 14-2 所示，通过解读月历，孩子能够发现很多元素之间的联系。

- 2 月 12 日是星期三。
- “12 日”这个日期被 2 月锁定，“2 月”被 2020 年锁定。
- 12 日的前一天是 11 日，后一天是 13 日。
- 12 日加 7 天是 19 日，减 7 天是 5 日，加减 7 天之后的日子都是星期三。

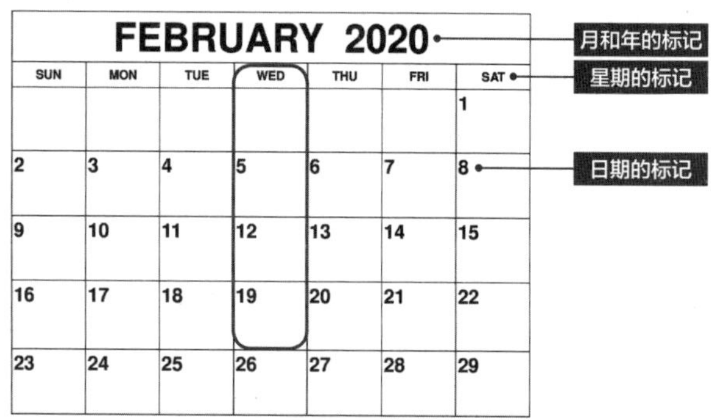

图 14-2 月历上元素的相互关系

这就是对月历中蕴含的“大小”和“次序”的认识：2020 年的单位最大，12 日的单位最小，星期比日期大，月比星期大，年比月大。

实践分享：月历和时间在心里

我实践孙老师的家庭教育理念、落实家庭数感布局，已经 2 年 7 个月了，从儿子 1 岁 8 个月到 4 岁 3 个月，这期间或走或停，或快或慢，我始终沿着这一轨道不断向前，很多做法已经转化成了我们全家的生活习惯，在不知不觉的点滴之间，显现出了作用和效果。

在已经落实的各种做法中，有的是每周做一两次，有的是持续一两个月后停一段时间再做，而熟悉月历和日历的做法，差不多有 4/5 的时间都在坚持做。

对于月历，孩子已经越来越熟悉了，还学会了主动观察。有一次他看了看月历说："妈妈，还有 3 天就完了。"我接着他的话补充说："是的，还有 3 天，7 月就过完了。"

后来我做了一个标有 12 个月刻度的转盘，帮助孩子理解一年 12 个月的抽象概念（见图 14-3）。如图，2 月 15 日的时候我说："2 月过了一半了，指针该指着 2 月的最中间了。"然后就把指针拨到表示 2 月区域的中间部分。到了 2 月 26 号，孩子看到月历上只剩几天没打钩打叉了，说："妈妈，指针该转到这儿了（接近 3 月的部分）。"通过这些小活动，孩子深入地理解了"月"的概念。

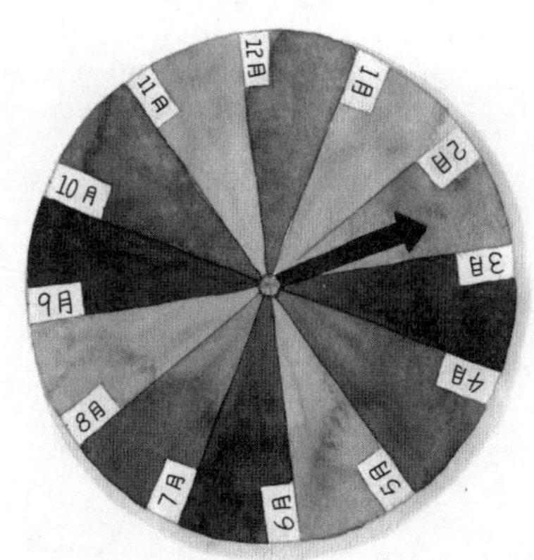

图 14-3　月历及"12 个月转盘"

熟悉日历

游戏编码：4-14-45

重要性等级：★★★★★

材料准备

- 家中常用的台历，如图 14-4 所示。

图 14-4 台历

活动做法

1. 带孩子熟悉日历。

2. 在孩子 7 岁前，和他一起逐一完成以下关于时间细节的操作：

- 找到具体的某一天，比如 3 月 7 日；
- 知道今天是这一年中的第几天；
- 知道今天是星期几；
- 知道本周是一年中的第几周；
- 看看一个月中有几个星期日；
- 找到一个月中的最后一个星期五是在几号；
- 熟悉以“7”为周期的循环。

活动目的

- 理解日历是月历的细化和对每一天的聚焦。
- 能够利用日历更详细地做出按全天时间划分的安排。

变化与扩展

月历以及日历都是人类文明的重要标志。随着孩子对形式的熟悉，就要开始增加变化的内容。比如，可以把每天的心情标注在日历上，或者每天早晨标注一下当天要做的事情，晚上再对当天完成的事情做个记号。这样的动作，会逐渐让孩子形成一个习惯，那就是每天早晨起来都想一下当天要做的事情，每天晚上都总结一下当天完成任务的情况，从而在大脑中建立做事要有始有终的观念。

要点提示

◎ **对月历和日历的熟悉及使用，是孩子大脑对于时间感知范围的延伸，形成“度过”的过程感和时间感。**

度过感源于站在今天回顾昨天、前天甚至更早时做过的事情的点滴细节及对未来的展望，在空白的日历上记录下自己的安排和期待：还有多少天自己7岁，还有多少天放假，还有多少天开学……

◎ **熟悉月历和日历还能帮助孩子理解时间中存在的周期性。**

- 短周期的标志：比如每天早上7点10分以前出门就不会迟到、每个星期一都有体育课。
- 长周期的标志：比如每个月的月底都要交下个月的餐费、每半年会放一次寒假或暑假、每年春秋季都会去郊游……
- 让时间成为生活中各种事情的定标仪，这个“标”能指导我们的行为，告诉我们什么时间应该做什么。

这一天的数字

游戏编码：4-14-46

重要性等级：★★★

材料准备

- “这一天的数字”模板，如图 14-5、图 14-6 所示。

活动做法

1. 打印多份模板，每天和孩子一起填写。最好是孩子一张，大人一张，各自填写，而不是大人代替孩子填写。

2. 自己写自己的，妈妈可以边写边念叨，比如：“让我看看日历，哦，今天是 12 号了，12 是一个偶数（在模板上圈画出来），那昨天就是 11 号，明天就是 13 号。12 就是 10 又多了 2，所以十位是 1，个位是 2。这个月连加到今天就是要从 1 一直加到 12，让我写下来算一算。”“今天我的工作会特别忙，需要参加两个会议。今天晚上该运动了，我准备做一个 20 分钟的健身操，如果我忘了，你要提醒我哦。”

3. 填完之后，把自己和孩子填完的两张模板都张贴在家中随时可以看见的地方。晚上再和孩子讨论一下相关的内容，然后把两张模板收起来。第二天继续填写，每人一张，张贴出来。如此长期坚持。

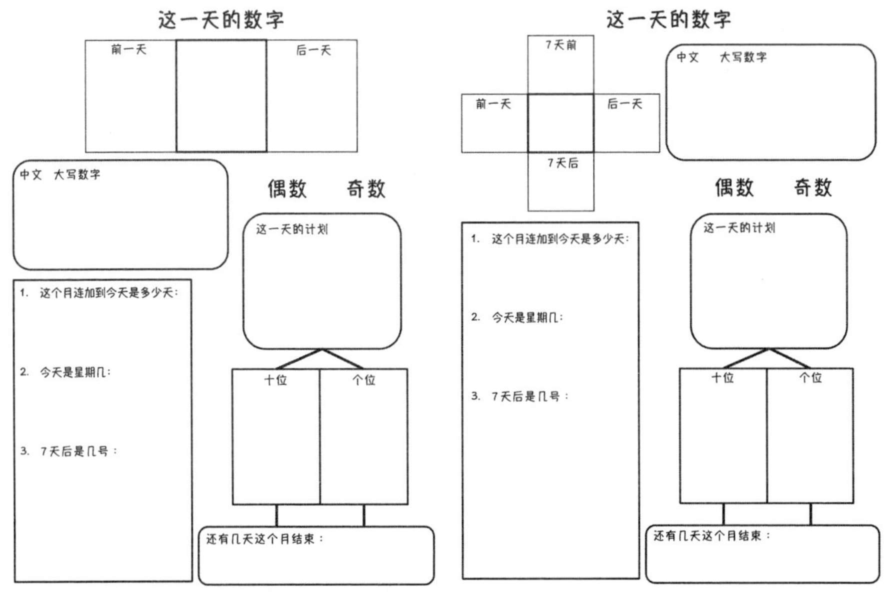

图 14-5 “这一天的数字”模板（1） 图 14-6 “这一天的数字”模板（2）

活动目的

- 妈妈不断重复具体的活动，通过示范，引发孩子关注日期和时间的变化，发现与日期有关的数字规律。
- 通过事先讨论每天的计划以及事后回顾完成情况，慢慢形成关注自己的生活、主动安排自己事情的意识。

变化与扩展

模板里的不同部分都可以变化，随着孩子在学校学习科目的增加，可以添加英语科目的内容，或者音乐科目的内容，或者其他任意科目的内容。模板是给大人一个演示，任何学习内容都需要在视觉上呈现，让孩子经常看到、不断接触，使这些内容在大脑中建立起认知回路。

要点提示

◎ **妈妈应专注于自己的行为，孩子怎么模仿，涂写成什么样子，那是孩子自己的事情，不要过问。**

每天拿出 2 张模板，给孩子 1 张，由他自由填写。妈妈自言自语地将自己的模板填写完整，孩子填不填、怎么填，完全由他自己决定，就算是填一笔或者随便乱画，也没关系。不要求孩子规范填写、必须填满，也不要评价孩子涂画的内容。每天就花几分钟，边说边写，写完后把两人的模板张贴出来。

孩子的模仿，源于主动观察、自发学习，任何施加压力的强迫行为都是对孩子主动性的打压，除了激发孩子的对抗情绪，让孩子内心不满之外，没有别的任何作用。每天早晚几分钟，让孩子不断地听到、看到，自己进行观察、对比、思考，就是在给智慧的原野播种了。

第15章

时间：穿起事情的丝线

通过前面很多游戏，相信孩子已经充分熟悉了日历、表盘、时间，不过那只是关于日历和时间的认识，明白了日历和表盘上面的数字都代表什么，现在需要再前进一步，让孩子将这些内容更深入、更充分地融入自己的生活。对生活的安排可以为孩子以后做时间规划做好铺垫。

孩子越小，越容易“习得”规划的意义，比如购物清单、旅行清单、工作清单等。列清单是一个习惯，行动之前先把要办的事情想一想、写下来，开始进行时，再对照着一项一项地打钩。

如果孩子在12岁以前没有接触过清单，那么他长大后就不太会主动使用列清单的习惯来规划事情。清单是梳理大脑思维的过程，与时间密切相关，是穿起事情的丝线。不断地规划和回顾各种各样的事情，是在培养孩子的规划能力，渐渐地，他在做所有的事情时都既有起点又有终点，办事有始有终。

开始结束我知道

游戏编码：4-15-47

重要性等级：★★★

材料准备

- 表盘模板，如图 15-1 所示。

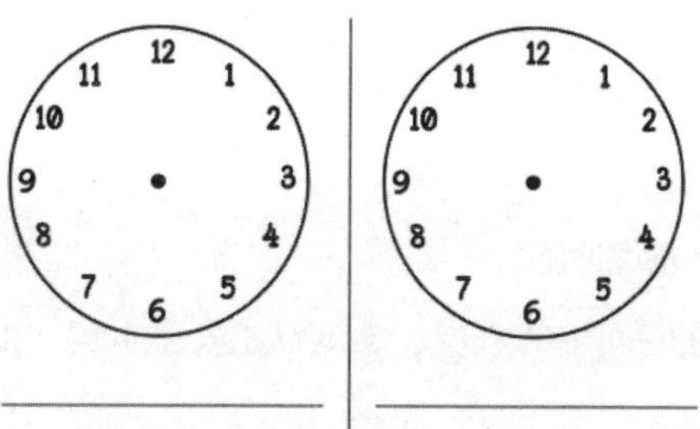

图 15-1　表盘模板

活动做法

1. 两个表盘为一组，分别标记做一件事情的开始时间和结束时间。

2. 妈妈首先做示范，比如在家中对着电脑加班时，可以自言自语地念叨：“现在是晚上 8 点 10 分，我需要加一会儿班，估计 1 个小时的时间，我准备集中精力专时专用，在这段时间里尽量不干其他事情。”然后在模板的第一个表盘上画出指针，记录开始的时间。加班结束后，再看表，记录结束的时间，并计算时长。

3. 可打印多份表盘，装订后随时使用，如图 15-2 所示。

图 15-2　多份表盘模板

活动目的

- 熟悉表盘，感知时间。
- 体会事情在时间中的进展，尝试自主安排事情、把握时间。

变化与扩展

这种方式还可以扩展到写作业和处理其他事务的时间管理上。孩子是从父母那里学到与生活、学习任务有关的处理方式的。

要点提示

◎ **增加仪式感和聚焦感。**

这项活动是需要动手记录的可视化展现，与只是抬头看一眼表不同，自己画下起止时间有一种仪式感和聚焦感，这样的环节能促使孩子密切关注手中正在进行的事情，体会到时间对所做事情的限定感。

◎ **随时记录，让时间可视化。**

任何一件事情都可以使用这样的模板记录，每晚睡前可以回顾一下当天的记录，每件事情用了多长时间，累计一共用了多长时间。一个小小的模板，让行为的进行被关注和感受到，而记录下来的内容是一个承载器，把不直观、不易感知的过程动手画出来，孩子会因为参与其中而更感兴趣。

◎ **每天都这样做，渐渐就固化为一种习惯，孩子对经常干的事情需要多长时间就心中有数了。**

比如做数学作业，孩子知道现在需要用多长时间完成，也知道下周做时，大概需要多长时间完成；进一步，孩子就会知道，一天之中能完成的事情是有限的，如果想干更多的事情，想有更多的时间去玩，就需要对有的事情重新安排。

我今天的安排

游戏编码：4-15-48

重要性等级：★★★

日历是用来记录自己的行为的，以便日后回忆和总结自己在那个时刻大脑的所思所想。我们要发挥日历的标记和规划的功能。

材料准备

- “今天的计划”模板，如图 15-3 所示。

游戏玩法

1. 每天早上写下今天要去的地方和要做的事情，逐条列出。

2. 靠每一天的点滴积累，养成一个良好的习惯，坚持做上 100 天，你一定会发现自己的成长以及孩子的变化。

图 15-3 “今天的计划”模板

活动目的

- 通过多样化的活动，体会时间的进展与生活的安排，练习制订生活计划。

变化与扩展

1. 除了做一天的计划外，还可以填写“早起事项清单”“放学后事项清单”（见图 15-4），让孩子对具体时间段内要做的事情形成规划性、条理性。

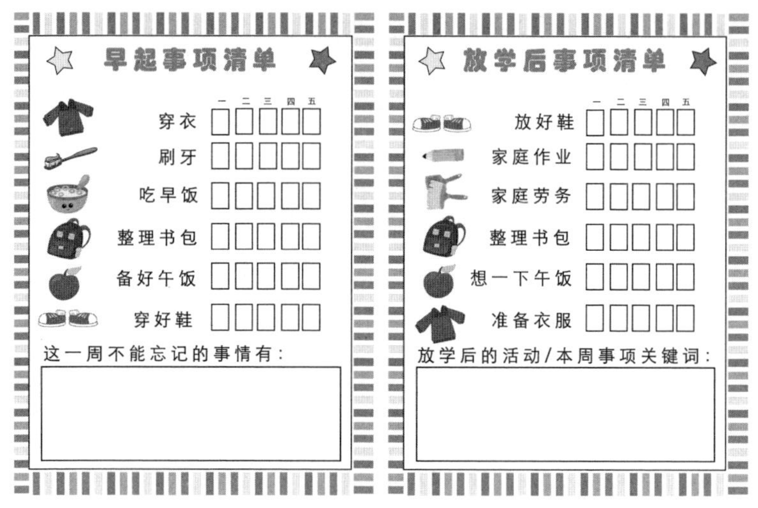

图 15-4　早起及放学后的事项清单

2. 当孩子对一天的计划熟悉了以后，可以扩展到一周计划、一个月计划，如图 15-5、图 15-6 所示，这两个模板，一个是每周使用，一个是每个月使用。从专注于完成一件事情要几个小时，到每天要干的事情，到每周不能忘记的事情，再到每个月不能忘记的事情。在孩子的精细动作还没有充分发育好，写字还不熟练时，可以用圈画、勾选的方式，写上姓名和日期，这些都是很好的练习。

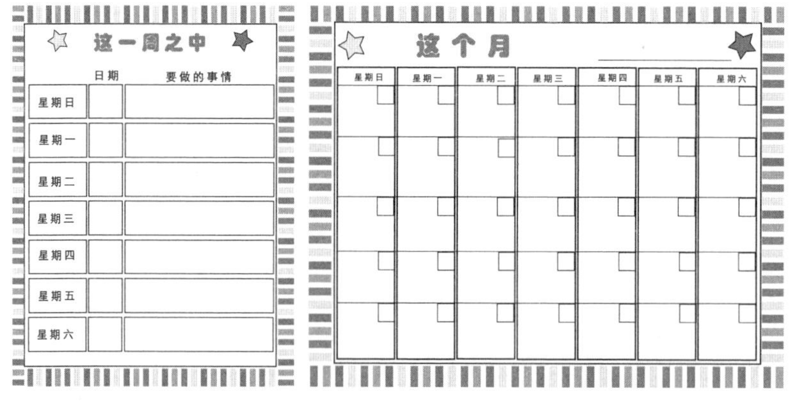

图 15-5　一周要做的事情清单　　图 15-6　一个月要做的事情清单

要点提示

◎ **妈妈最好和孩子一人一张，各自填写，在日积月累之中，良好的习惯就像被刻在大脑中一样，孩子慢慢便形成了着眼现在、规划未来的意识。**

让视觉过滤大脑的经历，让经历显化出来，促进大脑中思考未来这一区域的发育。孩子慢慢就会形成这种意识：我的时间我做主，包括对自己的事情做主、对事情所用的时间做主。

实践分享：真的让孩子自己做主

当我知道“我今天的安排”这个游戏时，孩子已经上小学二年级了，做事非常拖拉，不管是起床、洗漱、吃饭，还是写作业、看书，都很磨蹭，我迫切地希望借助这样的游戏和模板让孩子尽快学会安排自己的事情、规划时间，于是一下子弄了很多份模板，让他每天填写。结果没想到，没写几天孩子就不想填了，很抵触。

我马上意识到是自己的做法出了问题。活动的具体指导中，确实明确地说要父母首先示范，父母每天坚持写出自己的计划然后张贴出来，而不是要求孩子做。这些内容我虽然看到了，但是心里暗暗地想省事、想偷懒、想直接给孩子布置任务。而给他布置时，嘴上冠冕堂皇地说“让他做主”“自己安排每天的生活”，实际上却又评头论足、横加干涉，说他安排得不好，哪些事情必须做，要写上，哪些事情太耽误时间了，要删掉。结果孩子生气地说：“哼，我不填了，不安排了。”

后来我决心拿出行动，先从自己做起，每天早上起来的第一件事就是花几分钟时间边念叨边记录当天自己的安排。我坚持到一周左右时，孩子爸爸受到影响，也开始每天记录，于是早上写完了之后，我会把我们两人的计划都贴在墙上，晚上吃过晚饭后，会再核对、打钩。

在落实的过程中，我的体会是，既没有那么难，也没有那么简单。原来我觉得每天都要写这个会挺花时间的，但坚持两周形成习惯了之后，觉得其实写起来很快，不需要写得很全面、很完美，只要坚持去做就好了。说它没有那么简单，是因为我原以为就是写一写自己一天的安排而已，但后来意识到这样的做法对于我自己的思维能力，以及对各种事务轻重缓急的权衡，都是非常重要的练习。

而最让我感到惊喜的是，我发现当我真的不再强求孩子，而只是自顾自地每天坚持完成时，孩子反而主动留意起我的做法来，有时还会凑过来听我们讲，再后来竟然也开始跟着写计划了。虽然他不是每天都写，计划安排得也并不周全，但这真是珍贵的、自发的转变，当时我就想，千万不能再重蹈覆辙，把这刚冒出头的主动性的幼苗再给打蔫了。于是，孩子安排他自己的，我们安排我们的。就这样大概过了一个多月，我发现孩子的自觉性、主动性有了很大的提高，有时放学回来他会说："我一会儿就开始写作业，晚饭前写一点，吃完晚饭还能歇一会儿，然后再写一点，这样拆开分成两部分完成，不累。"这样的建议其实我们以前就跟他说过，但他根本听不进去，总是嫌我们说得太多了，总督促他，太烦，没想到真的让他自己做主，把独立性还给他后，他自己也是能够安排好的。虽然这需要一个过程，或许并不快，却能真正培养孩子的独立自主精神。

我的时间我做主

游戏编码：4-15-49

重要性等级：★★★

材料准备

- 空白月历模板，如图 15-7 所示。

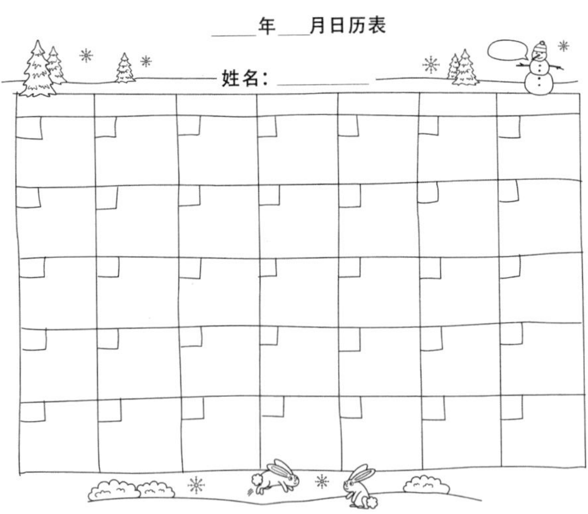

图 15-7　空白月历模板

游戏玩法

1. 空白的月历模板，不设定固定的月份，需要妈妈和孩子共同完成。

2. 妈妈和孩子使用各自的模板，月初时先填写全月的日期，之后每过一天就在当天的日期上打钩，并在格子里写下关键词。

3. 使用后将这张纸留存下来。这个模板与生活紧密结合，说明每个人自己才是时间的主人，而不是被时间催促。

活动目的

- 熟悉月历。
- 体会时间的变化以及对时间和事情的计划。

变化与扩展

这样的模板，家庭成员应该人手一张。尤其是当孩子学会填写后，这就不再是一个简单的学习任务了，而是一个现实中的、实际可用的工具了。妈妈应该有一个自己的月历表格清单，爸爸也应该有一个。孩子看到了，参与感会更加强烈，也会奠定未来他学习、工作、生活条理化的基础。

要点提示

◎ **体验自己掌控时间、安排生活的自主感。**

让孩子按照时间主动安排自己的生活，让孩子每一天都有自己主动的安排。这不光是计划能力，而是大脑对数字的理解、对日期意义的理解以及对时间的安排的整合，次序感、逻辑感在点滴之间形成。

◎ **掌握自我规划的长远能力。**

清单是大脑记忆体的外围补充及可视化展现。通过罗列、显化每一件事情，孩子会对每一天的事情、第二天的事情都心中有数，从而形成一种规律的意识，让书本上关于时间、事项、计划等的知识变成自己的能力——一种永远不会丢失的能力，更是走向社会的强大助力。

第16章

长周期：预测与思维方式

天天看，混个脸熟；天天听，烙个烙印。天天接触就熟悉，熟悉了就是好朋友。每一个好朋友都带来一种思维方式，这样的好朋友多了，思维方式也就灵活了。

孩子在一天一天的日子中长大、变化，他能看到自己的变化，也就能慢慢意识到长周期的含义。

孩子如果在12岁时能思考自己过去3年的变化，他才有可能把3年作为为一项事情或目标的努力周期，能想到要完成这个目标，需要3年，而不是3周，也就不会那么急功近利地盯着眼前的变化，也不会因为眼前有了变化才去努力，眼前没有变化就轻易放弃。好妈妈知道这一点，才会创造这样的家庭环境，让孩子的眼睛里每天都是点点滴滴的有意义的日期、数字……

长周期是一种意识，是基于对日历熟悉之后的引申，由周到月，由月到季度，再由季度扩展到年……

成长时间轴

游戏编码：4-16-50

重要性等级：★★★

“规划”的意识是很多成年人欠缺的，因为在最应该引入这个话题的6～12岁，也就是孩子刚开始对长周期和规划感兴趣的时候，周围没有人以孩子能接受的方式为他引入这样的概念。没有示范动作，没有模仿对象，也没有在玩中感知，只有孩子最反感的重复说教和硬性要求。培养长周期的意识，首先要把关注点推回到过去，穿起那些散落的一个又一个重要事件的珠子，形成一条贯穿时间节点直达今天的线索。

材料准备

- 成长记录回顾模板，如图16-1所示。

活动做法

1. 全家共同约定一个家庭话题时间，可以是每天晚饭后10～15分钟，也可以每周固定2～3次，选在家庭成员可以共同参与的时间进行。

2. 每次的家庭话题时间，都由家庭成员中的大人们抽签来选定其中一位家庭成员回顾自己成长中的重要事件以及时间节点，边讲述边记录。就算连续几次抽签都抽中了同一个人，也不能跳过，仍要重新讲述，边讲述边记录。

3. 记录下来的内容可能只是要点，但讲述的内容要绘声绘色、展开细节，比如相关人物、当时心情、自己和他人的言行、自己的愿望等。

4. 大人们坚持参与这个游戏，孩子如果很感兴趣、提出问题，可以顺着孩子的提问继续展开。如果孩子主动提出自己也想制作一份成长记录，大人可以帮助孩子设计一份。孩子不主动要求时，就不要给他布置任务。大人们讲述，孩子听着，就是熏陶和学习。

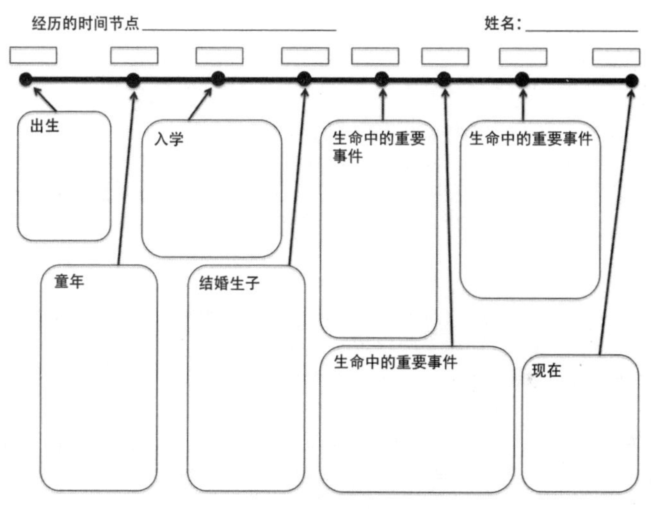

图 16-1　成长记录回顾模板

活动目的

- 创造平等谈话、自由讨论的家庭氛围。
- 通过大人所讲述的成长节点事件，感知人生长周期的变化、事件的前因后果及客观规律。
- 引发自我关注，自主思考生活安排和未来计划，促进自我意识的萌发和强化。

变化与扩展

话题可以是关于家庭中的活动，比如假期要去哪里旅行，以及周末全家活动的内容；也可以是对社会热点话题的讨论。进行与时间发展有关的讨论，也是对日历、月历、年历的深入认识过程。

要点提示

◎ **不要一开始就要求全面，先从简单的开始，依靠一点一滴的积累。**

想起一点，就记录一点。听到了什么内容，就写上，然后不断梳理，才是形成大脑规划的正确步骤。

成长线索流程图

游戏编码：4-16-51

重要性等级：★★★★

材料准备

- “成长线索流程图”模板。

活动做法

1. 日历记录的是成长，是对变化的认识。从分钟、小时、天、周、月再到年，我们可以用流程图的方式，把孩子关注的眼光拉长，把至少 3 个月以上的日历画到流程图上。比如可以记录这学期的数学学习情况、最近一年足球训练的情况等，如图 16-2 所示。

2. 由于是对长周期的记录，需要把模板贴出来随时补充，这是可视化的过程，流程图以时间来刻画，事情是有前后顺序、来龙去脉的，并能用文字和图示表达出来，比如“我会洗衣服”“我会买吃的”“我会打扫卫生”等，都可以。如图 16-3，是“我会洗衣服”这件事的成长线索流程图示意。

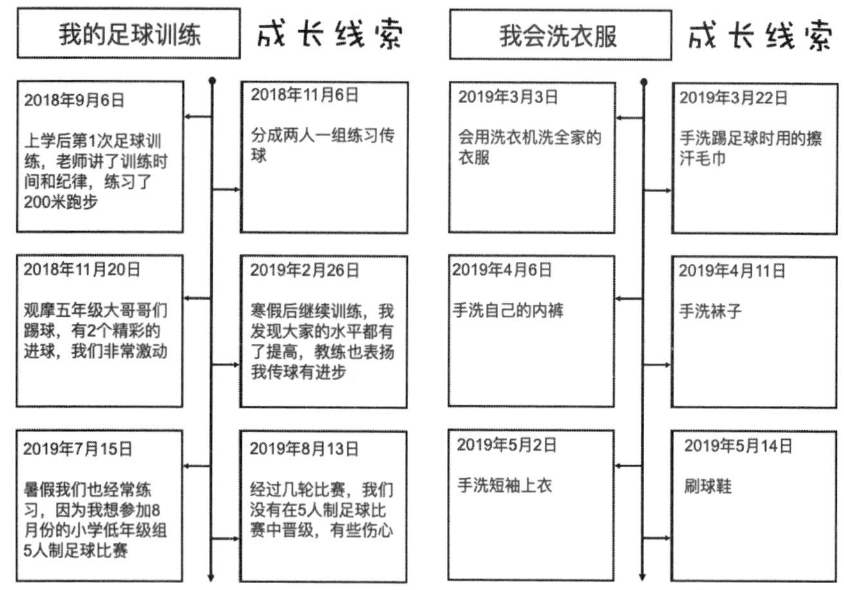

图 16-2 “我的足球训练”成长线索流程图示意　图 16-3 “我会洗衣服”成长线索流程图示意

游戏目的

- 感受事情随时间变化而发展的过程及因果关系。
- 理解同一件事的不同发展阶段以及细节步骤的先后顺序，培养对事物的整体观和把握感。
- 聚焦自我成长的一件又一件小事，提升对事物的自我解释，促进自我意识的发展。

变化与扩展

任何事情都有成长变化的阶段，不仅是像足球这样的业余爱好，学习的科目也是如此，比如语文。具体一点讲，作文水平的提高过程，也可以细化为成长线索流程图的形式，还有数学水平的变化、绘画能力的变化等，甚至生理变化，比如身高、体重的变化等都可以作为记录内容。

模板是一种思想方法的外在体现，可以举一反三地使用，从而改变生活。这种改变不仅体现在孩子身上，也会体现在大人身上。很多成年人没有机会从小培养这种良好的工作、生活和学习习惯。

要点提示

◎ **靠的是长期落实，不能期待立刻看到效果。**

既然是一种良好思维习惯的培养，就不能期待“三下五除二”地立刻看到效果。靠的是长期的落实，将其变成一种本能的行为习惯。孩子是从父母每天都做的事情中体会并养成习惯的。

动物小档案

游戏编码：4-16-52

重要性等级：★★★

时间能标记万物的变化。长周期的意识不是建立在说教之上，而是建立在互动活动形成的习惯之上。规划的意识也是在可以落实的活动上形成的。

材料准备

- “动物档案”模板，如图 16-4 所示。

活动做法

1. 和孩子一起，每个月都填写一份这样的模板。观察的动物，可以是家里的宠物，也可以是动物园里的动物，或者就是户外常见的麻雀、喜鹊、蚯蚓、蚂蚁等。四季交替，观察到的动物也会有变化，孩子不断成长，对动物的观察也会有所不同。汇聚这样的点滴观察，最终能够形成归纳汇总的意识。

2. 有趣的细节都是客观描述而不是主观评价。积累 10 张这样的记录，孩子就会对事物形成全面而具体的关注。即便一次观察得不全面，下一次还有机会观察并补充，通过不断地循环递进，形成全面而深入的认识。

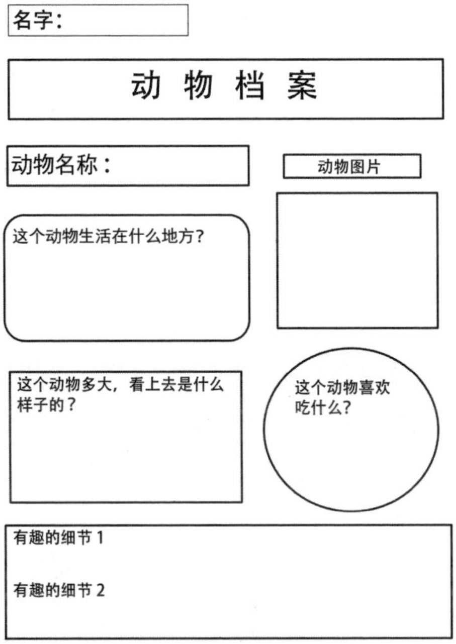

名字：

动 物 档 案

动物名称：

动物图片

这个动物生活在什么地方？

这个动物多大，看上去是什么样子的？

这个动物喜欢吃什么？

有趣的细节 1

有趣的细节 2

图 16-4 “动物档案”模板

活动目的

- 培养对特定事物长周期、深思考、持续聚焦的习惯。
- 通过长期观察、记录，由局部信息汇总成整体理解。
- 培养在实践中发现规律、概括规律、应用规律指导后续活动，并验证规律的科学思维。

变化与扩展

持续积累的动物记录，是极有意义的儿童版科学小档案。这样的思路和方法，可以扩展到对生活中方方面面的事物的观察，比如雷雨、彩虹、月亮、节气等自然现象，比如蒸锅盖上的冷凝水、浴室玻璃上的水汽、冷冻后变鼓的易拉罐、浮在水面上的油滴等蕴含科学原理的现象，又比如不同款式的铅笔削出的“铅笔花”不同、汽车上的轮毂种类不同、不同类型的自行车车刹不同、不同颜色的衣服在阳光下吸热不同、男式和女式对襟衣服的扣子方向不同等生活中有趣的现象，每样事物都可以反复观察记录，慢慢发现有趣的细节和背后的原理、规律。这些都是丰富有趣的活动，是没有边界的“大课堂”。

要点提示

◎ **这样的活动是完全可以在家中落实的，既是氛围、方法、思维的输入，又是孩子的理解与表达的输出。**

孩子的输出是基于自己的理解，基于一个个拆分开来的小板块、小台阶，不是高难度的习题，也不是机械的套路化形式。经过有趣味的、基于生活和家庭互动的输入和输出后，知识才能变成孩子自己的。好妈妈就是通过落实每一个这样的具体活动，来让孩子积极、主动、快乐地形成认识，并在日后把自己的认识转变为知识的。

人物小档案

游戏编码：4-16-53

重要性等级：★★★★★

材料准备

- “人物档案”模板，如图 16-5 所示。

活动做法

1. 除了关注动植物，还可以和孩子一起留意身边的熟人。父母自己首先示范每个月填写一次这个模板，记录自己身边的人的信息，如果有不了解的信息，可以在聊天中询问或“采访”对方，让孩子有机会看见父母与亲友的聊天过程。孩子只要看见父母每个月都填写，也会慢慢产生填写的意愿。

2. 对于同一个人，可能需要连续填写三四次，才算是具体地了解和认识了这个人，可以说出关于他的细节，才能称得上了解他。

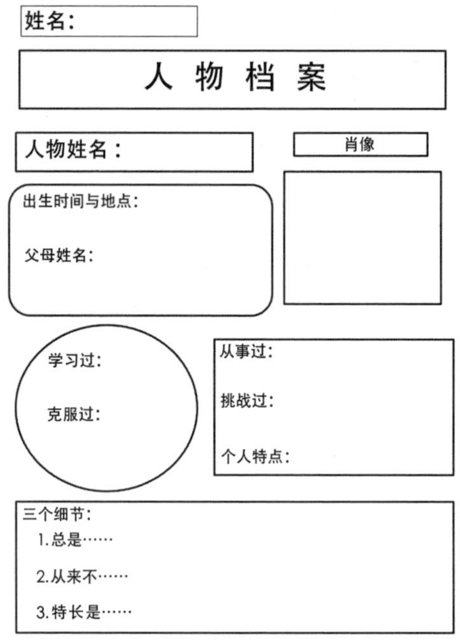

图 16-5 “人物档案”模板

活动目的

- 激发孩子对人的关注，从家人到同学、朋友，再到身边的熟人，甚至是陌生人，通过不同的局部细节逐渐形成整体认识，从而了解一个人。
- 观察他人，关联自己，思考自己的意愿、想法、做法。

变化与扩展

这样的交流、记录、积累，可以从对真实人物的关注，慢慢扩展到孩子喜欢的图书或影视作品中的虚拟人物。不断使用这样的方法去理解他人的意愿、态度、行为，以及人与人、人与事之间的关系，将对孩子起到示范作用，促进孩子精神的成长。

要点提示

◎ **这个活动是把“了解人”这个抽象的事情具体化、显化、可操作化的过程。**

◎ **在对同一个人几次填写模板的过程中，有可能会发现这个人在发生变化，这是在时间的维度认识人的成长和变化。**

“动物小档案”“人物小档案”这两个活动帮助我们既从具体细节，又从时间的发展性、深入了解的全面性上形成一个整体的概念，从而用发展的眼光看待自己、看待周围的事物。

“成长线索流程图”的制作既有掌握一个技能的过程、自己成长的经历，也有了解一种动物、一个人的过程，它培养的是从过去到现在、从现在到未来的思维方式。

冬季是长期行为习惯的培养阶段，是依靠点滴小事的逐渐积累来发挥作用的季节。这个阶段不是什么都不做，也不是急功近利，追求立达目标，而是要为孩子奠定长远的、一生受用的良好行为习惯。这一目标的实现，不是依靠说教，不是依靠强迫，不是依靠命令以及权威的压制，而是依靠科学的耳濡目染，依靠家庭中的氛围，依靠好妈妈科学、用心地布局环境、落实活动。在环境中，通过孩子的视觉、听觉、触觉共同发挥作用，让孩子看到、听到、接触到的事情变成孩子思维发展的养料，并在人生的不同阶段发挥作用，作用于学习、工作、生活，使他成为一个成熟、优秀的人。

附录一

关于教育部下发小学数学一、二年级教学大纲的说明

教学大纲是教育部提供给学校的一份指导意见，同时也是给编写教材的人提供的一份依据。教学大纲界定了小学生在数学方面应该学到的知识点、应该掌握的主要概念，以及能够应用的知识技能。教学大纲也是每一位一线数学老师应该充分理解，并能够将其变成实际教学活动的指导性文件。基于它的重要性，教学大纲也应该是每一位学生的父母应该了解，并充分理解的一份文件。当然，它也是家庭数学氛围布局的一个参考纲领。

以下，就是这个纲领性文件与《好妈妈这样教数学》这本书的结合说明。

一年级小学数学教学大纲

教学内容（每周 4 课时）

说明：小学一年级数学的教学安排，多数情况都是每周 5 节课，也就是一天一节数学课。教学大纲中，并没有明确规定家庭作业的时间范围。这是妈妈要注意的。原则上，每天的数学作业量不应超过 20 分钟。这是针对平均学生能力的标准。

（一）数与计算

(1) 20 以内数的认识。加法和减法。

数数。数的组成、顺序、大小、读法和写法。加法和减法。

连加、连减和加减混合式题。

说明：学校的课堂上，很少有活动的形式，多数内容都是数字之间的运算，让孩子通过对加减乘除符号的理解来进行运算，也很少让孩子清点，因此在数字与现实生活中数量的对应这个层面上，孩子几乎没有机会去体验，也就没有机会形成自我的、实际的认识。于是，在孩子的大脑中，这类运算就变成机械的，依靠的是记忆力，而记忆力又来自大量的练习，最终把数学变成了大脑肌肉本能的反应，与真实的数学严重脱离。

《好妈妈这样教数学》这本书中大量的游戏、活动直接体现了教育部教学大纲的精神，而且还是以灵活的方式、多变的形式体现的；更重要的是，孩子在参与游戏、活动过程中的积极态度和主动精神，锻炼了他们的大脑思维。

(2) 100 以内数的认识。加法和减法。

数数。个位、十位。数的顺序、大小、读法和写法。

两位数加、减整十数和两位数加、减一位数的口算。两步计算的加减式题。

说明：《好妈妈这样教数学》这本书中对这项内容的落实，依靠的是与算牌和色子有关的活动，不是学校课堂上的刷题，更没有老师要求的作业形式，而是在家庭中，通过游戏的形式实现的。在游戏中，孩子想赢的心理，推动着他们积极主动地运用规则来完成任务。规则的运用过程，就是计算的过程。

（二）量与计量

钟面的认识（整时）。

人民币的认识和简单计算。

说明：钟表的表盘，日期涉及的日历、月历、年历，以及货币的面额识别等，都是孩子在家庭游戏的过程中熟练起来的，不是通过在课堂上依靠记忆力完成作业的方式实现的。

（三）几何初步知识

长方体、正方体、圆柱和球的直观认识。

长方形、正方形、三角形和圆的直观认识。

说明：算牌中的图形可以提高儿童对图形视觉的熟悉程度。

（四）应用题

比较容易的加法、减法一步计算的应用题。

说明：与生活有关的话题讨论，涉及数量以及数量的变化，这些都是在促进孩子的大脑建立数学与现实的关系。大脑的认识，是理解应用题最重要的脑力基础。

（五）实践活动

选择与生活密切联系的内容。例如，根据本班男、女生人数，每组人数分布情况，可以想到哪些数学问题。

说明：学校里几乎没有室外的实践活动，完全没有家庭物品的测量，孩子对尺子的认识只停留在抽象和空洞的记忆中。学校的课堂上也没有影子测量的内容，没有对物品尺寸的估测等现实数学能力的培养。

教学要求

说明： 这一部分是对数学老师的要求，应该具体到教学环节、教学步骤等，但实际的教学大纲中并没有涉及这方面的细节，导致一线老师处在自己理解、自己操作的摸索之中。

1. 通过数不同物体的个数，逐步抽象出数。会区分几个和第几个。掌握 10 以内数的组成。会正确、工整地书写数字。

说明： 与儿童认知规律吻合，才是孩子认识事物、学习知识最重要的前提，这正是本书活动设计的理念基础。

2. 认识计数单位“一”和“十”，初步理解个位、十位上的数表示的意义。熟练地数 100 以内的数，会读、写 100 以内的数。掌握 100 以内的数是由几个十和几个一组成的。掌握 100 以内数的顺序，会比较 100 以内数的大小。

说明： 本书中多种多样的活动，都涉及排序、前后，大量的活动都涉及自己要说出来、要看到，同时还有机会听到，孩子在赢的目的下，愿意去尝试更多的活动。

3. 知道加、减法的含义，加、减法算式中各部分的名称，加法和减法的关系。熟练地口算一位数的加法和相应的减法，比较熟练地口算两位数加、减整十数和两位数加、减一位数。会计算加减法两步式题。

说明： 加、减法的实际意义就是数量清点的快速方式。比如：“现在数到 5 了，再数 7 个，到几了？”“从 26 开始，拿走 8 个，就是倒着数 8 次，应该到几？”这才是加、减法的核心基础，多数老师都是直接告知加、减法的结果，然后让孩子通过刷题自己去理解，而且很多老师还不允许孩子数手指。

4. 认识符号“＝”“＞”“＜”，会使用这些符号表示数的大小。

说明： 如果记住了就算认识了，那么数学就变成了机械操作，是机器人要面对的事情了。这是“假数学”啊。真正的数学是灵活的认识，是自我识别，尤其是在游戏中，通过算牌的对应游戏，识别这些符号，应该是自如的过程、自然的结果。

5.认识钟面，会看整时。认识人民币。知道1元=10角，1角=10分。要爱护人民币。

说明：如果这样的内容是通过家庭活动实现的，那是多么自然的一件事啊！对大脑认识事物的过程来说，自然的过程，才是终身不忘的。

6.会根据加、减法的含义解答比较容易的加、减法一步计算的应用题。知道题目中的条件和问题，会列出算式，注明得数的单位名称，口述答案。

说明：应用题的内容都是来自平常家庭成员之间的对话，对话的内容涉及数量的变化，同时减少词汇的使用。如果缺少这样的使用场景，孩子直接在教室里接触到的是脱离现实的，充其量只是书本知识而已。本书给了读者一个机会，可以在家庭中为孩子实施多种形式的活动，落实了活动，收获的是孩子的丰富、成熟、扎实的智力提升。

7.培养学生认真做题、计算正确、书写整洁的良好习惯。

说明：认真做事的方式、态度，都不是通过说教能让孩子养成的，也不是依靠老师的监督、督促、检查、批评、惩罚而学会的，而是通过耳濡目染，在与爸爸妈妈一起填写表格、记录时间、记录数量的过程中，观察做事的细节，养成具体、扎实的做事习惯。

8.通过实践活动，使学生体验数学与日常生活的密切联系。

说明：学校的数学课很少有让孩子动手的实践活动，与其祈祷孩子遇到一名好老师，不如父母具体落实本书中的各项活动，每一个活动，都与教学大纲相吻合，都是在日常生活中培养孩子形成认识的科学方式。

二年级小学数学教学大纲

教学内容（每周5课时）

（一）数与计算

(1) 两位数加、减两位数。

两位数加、减两位数。加、减法竖式。两步计算的加减式题。

说明：本书中的色子游戏、算牌游戏都是方式多样的活动，能够直接刺激儿童大脑形成对数量变化的判断，以及运算的方式，孩子积极主动愿意玩，效果超过刷题数倍。

(2) 表内乘法和表内除法。

乘法的初步认识。乘法口诀。乘法竖式。

除法的初步认识。用乘法口诀求商。除法竖式。有余数除法。两步计算的式题。

说明：进阶算牌的有关活动直接涉及多种运算，以及更加灵活多变的计算方式。

(3) 万以内数的读法和写法。

数数。百位、千位、万位。数的读法、写法和大小比较。

说明：清点、分类、记录表格，以及熟悉月历、日历等活动都带有数位的变化，以及数字、数量对应变化的直观感受。

(4) 加法和减法。

加法，减法。连加法。加法验算，用加法验算减法。

说明：与算牌有关的活动，是可以在家庭中落实的。家长不应该经常让孩子刷题，而应该在开心地玩耍的过程中，让孩子自觉、主动、积极地进行大量的运算。

(5) 混合运算。

先乘除后加减。两步计算式题。小括号。

说明： 孩子对色子游戏、算牌游戏的熟悉，以及在玩的过程中对记录、表格的运用，都可以帮助他们形成对次序、步骤的认识。

（二）量与计量

时、分、秒的认识。

米、分米、厘米的认识和简单计算。千克（公斤）的认识。

说明： 本书中大量的测量活动，能直接激发孩子在现实中掌握尺子使用方法的积极性，以及在度量活动中形成对单位、用途及直观的物体远近长短的认识。

（三）几何初步知识

直线和线段的初步认识。

角的初步认识。直角。

说明： 本书中的影子活动、对称活动、平衡活动，都能直接刺激孩子的大脑，从而形成空间感，使他们对几何中核心的边、角有一个基本的概念。

（四）应用题

加法和减法一步计算的应用题。

乘法和除法一步计算的应用题。

比较容易的两步计算的应用题。

说明： 在现实生活中对物品长度进行预估，以及对时间的感受等活动，都是数学应用题的相关内容。

（五）实践活动

与生活密切联系的内容。例如调查家中本周各项消费的开支情况，想到哪些数学问题。

说明：在家庭中，只要每周落实了本书中的活动，数学问题就会源源不断。参考附录二中小学三年级期末考试试卷，可以看到数学问题的考试题型，也就能够了解在家庭中培育儿童数学基础的重要性。

教学要求

1. 认识计数单位“百”“千”和“万”，知道相邻两个计数单位之间的十进关系。掌握万以内的数位顺序，会读数、写数，会比较数的大小。

说明：这些认识不是通过刷题学会的，不是依靠记忆力背下来的，而是在家庭中落实各种形式的活动的过程中自然形成的。

2. 掌握加、减法的笔算法则。会用竖式计算比较简单的连加式题。比较熟练地口算两位数加、减两位数（和在100以内），会口算整百、整千数的加、减法和几百几十加、减整百或整十的数，会用交换加数的位置验算加法和用加法验算减法。初步培养学生检查和验算的习惯。

说明：刷题带来的是孩子的疲倦、厌恶、抵触和反感，造成了更多的教育抵抗，让孩子生发更多内心的拒绝。而本书中的所有活动，带来的都是亲子关系、亲子感情的融合，在一团和气的氛围中，孩子的大脑发育了，该会的都不知不觉地会了、懂了、掌握了。

3. 知道乘、除法的含义和乘、除法算式中各部分的名称，乘法和除法的关系。知道乘法口诀是怎样得来的，熟记全部乘法口诀，能够熟练地用口诀求积、求商。熟练地计算除数是一位数、商也是一位数的有余数的除法。

说明：算牌相关的游戏、活动，涵盖了所有基础运算，可以扩展出更多有输赢的、在家庭中2～5人都可以玩的活动。

4. 初步掌握混合运算顺序，会计算两步式题。认识小括号。

说明：混合运算也是进阶算牌游戏中会涉及的。

5. 认识长度单位米、分米、厘米。知道1米、1厘米的实际长度。知道1米＝10分米，1分米＝10厘米。会进行长度的简单计算。

说明：在大量的测量活动中，孩子自然就接触到并学会了。

6. 认识质量单位千克（公斤），初步建立1千克的质量观念。

说明：在大量称量体重的过程中，孩子就接触了、理解了、掌握了。

7. 认识时间单位时、分、秒。知道1小时＝60分，1分＝60秒。初步建立时、分、秒的时间观念。养成遵守和爱惜时间的良好习惯。

说明：本书中介绍了大量与日期、月历、表盘、时间有关的活动和游戏，只要落实，就会有效。

8. 初步认识直线和线段，会量线段的长度和画线段（限整厘米）。

说明：测量活动，还涉及各种各样的尺子、单位、单位的变化，以及小数点的含义。

9. 初步认识角和直角，知道角的各部分名称。会用三角尺判断直角和画直角。

说明：测量影子的变化、对称游戏等活动都会训练对边、角等概念的感觉。

10. 会解答加、减、乘、除一步计算的应用题。会分步列式解答比较容易的两步计算的应用题。

说明： 与现实生活有关的数量变化，可以在家庭中认识、感悟。重要的不是课堂上的记忆、模仿，而是家庭中的实际运用。

11. 通过实践活动，初步培养学生的数学意识。

说明： 实践活动，更多来自孩子最熟悉的父母。

小学三年级数学试卷中的思维解析

课堂不是数学唯一的学习途径，重要的数感和思维形式，都来自家庭，即使是在学校的数学考试试卷中，也可以找到大量的痕迹，表明很多数学的认识、理解，根基还是源自家庭的活动，要在家庭的氛围中形成。

我们通过北京市房山区某校 2019—2020 学年的一份三年级的期末考试数学试卷来逐一展开。

第 1 题

（1）计算 24 × 8 有很多种方法，下面计算方法错误的是（　　）。

A. 24 × 3 × 5　　　B. 20 × 8 + 4 × 8　　　C. 24 × 2 × 4

背后的思维：计算的灵活性

解读：

这道题考查的是孩子是否理解了乘法的本质。乘法的本质源自快速的加法，加法的本质源自数数，数数源自清点。但是清点这项活动，课堂上根本没有时间进行，因此只能在家庭活动中下工夫。“形状涂色”“往返一百”“色子游戏”等活动，都是帮助孩子强化加法和乘法，都属于清点的家庭活动。

乘法的本质是快速的加法，或者说，是加法算得又快又省事的一个窍门。24 乘以 8，可以是 8 个 24 相加，如图 18-1 所示。

$$\underbrace{24+24+24+\cdots\cdots+24}_{8个}$$

图 18-1　题解“24 乘以 8”

在最初学习加法和乘法的阶段，父母是否经常借助具象的、视觉化的生活场景向孩子说起这样完整的理解：一个盘子里放满了鸡蛋，一行有 5 个，一共 5 行，那就是 5 个 5 加起来，相当于 5×5，也就是盘子里一共有 25 个鸡蛋。

基于这样的对乘法本质的理解，就可以灵活变化出各种计算方式，如图 18-2 所示。

A. $24\times\underline{3\times5}$ ↙ 15

B. $\underline{24}\times8=20\times8+4\times8$ ↙ 20+4

C. $24\times\underline{2\times4}$ ↙ 8

图 18-2 “24 乘以 8”的更多解法

第 2 题

（2）下面三组图形中，符合“∠ 1 大于∠ 2”的是（　　）。

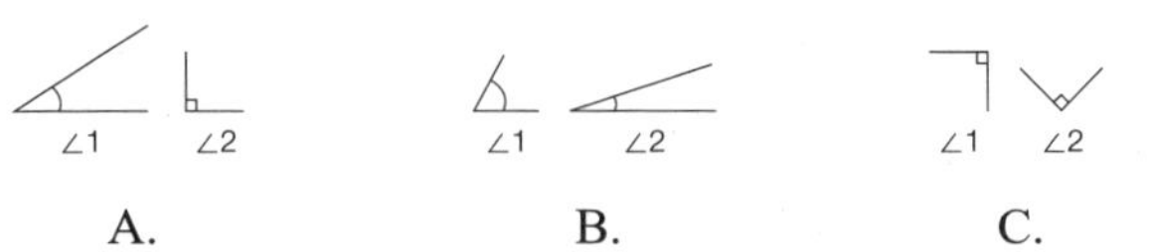

A.　　　　B.　　　　C.

背后的思维：认识角度，视觉比较

解读：

这道题需要孩子从视觉感受上对应尖和钝的形象，并进一步理解锐角、直角、钝角的含义，会进行角度的比较。算牌中的形状，以及对称游戏、影子与时间的活动等都是强化孩子对形状认识的基础工作。

第 3 题

（3）兵乓球比赛时，（1）班的四位选手分别与（2）班的四位选手握手，他们一共握了（　　）次手。

A. 4　　　　B. 8　　　　C. 16

背后的思维：画图清点，过程扎实

解读：

不求快，也不期待孩子跳过热车、起步的过程，直接达到快速驾驶的状态。不要让孩子记忆套路，而要让他们静下心来、慢下来照着题目的意思把全过程画出来。边画边一个一个地清点，最后得出结果，如图 18-3 所示。

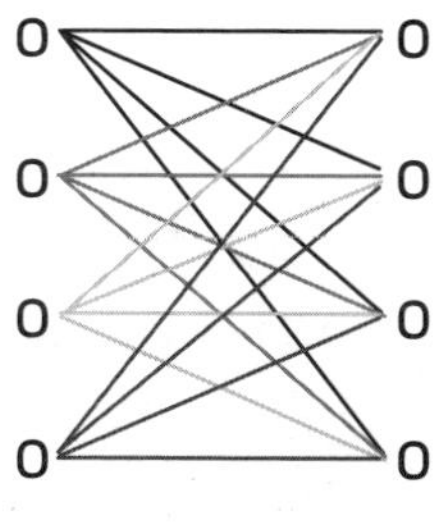

图 18-3　第 3 题题解

清点是感知数量的最核心的基础，这个动作随时可用，不要怕麻烦，不要嫌“低级”。本书中“这一天的数字”“熟悉日历”等家庭活动，培养的就是基础动作，扎实地清点，就可以完成看似复杂的题目。

第 4 题

（4）右图中共有（　　）个三角形。

A. 6　　B. 12　　C. 18

背后的思维：三角形的构成

解读：

看孩子是否理解了三角形的含义，不是看他能不能一字不落地背诵定义，而是看他能否将其转化为自己的理解，在看到图形或凭空想象时，能用自己的话解释出来。三角形三条边的特征，更进一步的说法就是，三角形的每一条边都是一条线段。因此这道题通过清点线段，就能对应出有几个三角形，如图 18-4 所示。

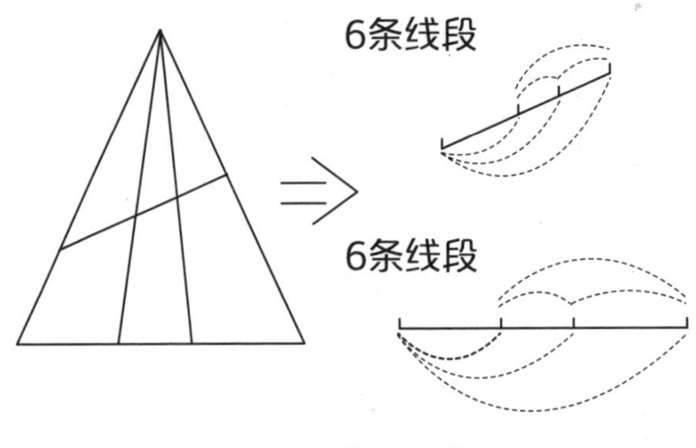

图 18-4　第 4 题题解

家庭中的各种活动，不仅拓展了孩子对事物的认识途径，也培养了孩子清点的意识、扎实的基本功。这样的题目，并不是靠套用公式就可以做出来的，也没有套路可循，核心就是灵活的思维。

第 5 题

(5) 测得一块长方形菜地的长与宽的和是 14 米，这块地的周长是（　　）。

A. 14 米　　B. 28 米　　C. 无法计算

背后的思维：对图形周长的认识

解读：

这道题中涉及 5 个关键的概念，第一个是长，第二个是宽，第三个是和，第四个是长方形，第五个是周长。长方形的周长是两个长以及两个宽的和，现在知道了一个长宽的和是 14 米，那么，两个长宽的和就是 28 米。

这道题挑战的是灵活的思维方式，而不是机械、教条地套用公式的本事。灵活的思维方式，恰好就是在家庭中玩出来的，而不是在课堂上死记硬背出来的。尤其是周长这样的概念，源自日常生活中涉及的测量，比如“身边的高度”这样的活动，目的就是要让孩子在测量中形成实际的认识。

第 6 题

（6）在货币诞生之前，人们是“以物换物”的。如果 1 只羊换 3 只鹅，1 只鹅换 2 只鸡。那么 2 只羊能换（　　）只鸡。

A. 5　　　　B. 6　　　　C. 12

背后的思维：灵活替换思维

解读：

就这道题来说，现实中的理解非常重要，孩子的脑海中要有这些动物的样子，至少知道这 3 种动物中羊最大、鸡最小、鹅是中间的。这时，他的头脑中就可以完全顺着来理解这句话的意思了：1 只羊不就等于 6 只鸡吗？那 2 只羊，不就等于 12 只鸡吗？如图 18-5 所示。灵活，意味着能够在头脑中建立图形，这不是数学中等量代换的概念，而是现实中的交换、交易，是在讨论中形成的灵活思维。

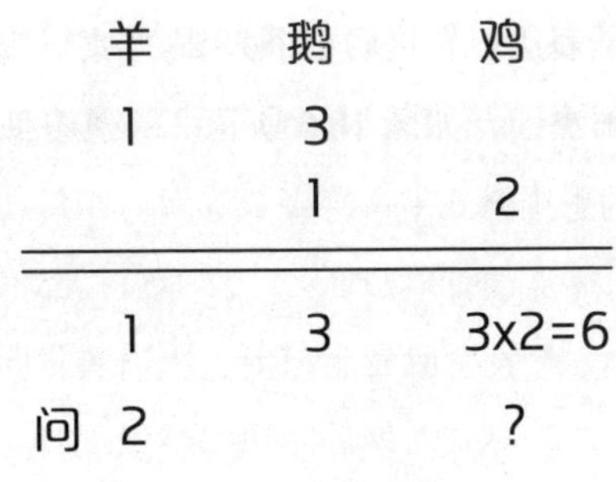

图 18-5　第 6 题题解

通过图示的方式，是本书所有游戏、活动所强调的，通过这样的方式，可以让孩子充分理解形式上的交换。具体怎样做呢？就是通过视觉把具体过程图示化，自己动手画出来再让自己看见的过程，就是在自我解读、深化理解、强化思维。“先预估，再测量”“量一量，写一写”这类的家庭活动，扩大了儿童大脑的认识范围，遇到这种需要灵活替换的题目，也就易如反掌了。

第 7 题

（7）甲、乙、丙共有 60 本课外书。如果甲给乙 3 本，乙给丙 5 本，三个人的课外书就一样多了。原来乙有（　　）本书。

A. 17　　B. 22　　C. 25

背后的思维：思维的次序，包括阅读次序、理解次序

解读：

这道题涉及逆向思维：三个人的书一样多，这是经过变化后的状态，需要从这个状态起将变化逆向进行，退回到初始状态。逆向进行，就要格外注意操作的次序，也就是思维的次序。这道题还涉及把按顺序阅读所获取的信息拆分开来，再按照关联组合使用，跳跃式地理解，“60 本书”以及“三个人的书一样多”的意思其实就是表达，变化后每个人 20 本书。理解到这一层，就可以通过图示化的方式来解决了，如图 18-6 所示。一道看似简单的选择题体现了对数学原理强化训练的思维模式。

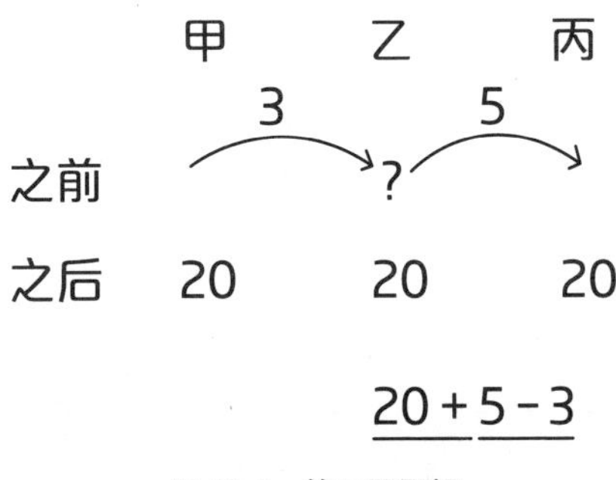

图 18-6　第 7 题题解

第 8 题

（8）为了提高通行效率，鼓励市民绿色出行，很多路段设置了公交专用道。其中京港澳高速宛平桥至六里桥主路最内侧车道为公交专用道，使用时间为早高峰 7:00—9:00（进京方向）和晚高峰 17:00—19:00（出京方向）。王叔叔下午 6 时进京办事，行驶在公交专用道上，是否违章？（　　）

A. 不违章　　　　B. 违章　　　　C. 无法判断

背后的思维：阅读理解能力，包括常识、见识、想象力、对时间的认识，以及在生活中的用途

解读：

这道题中的文字超过了 100 字，是对生活场景和具体问题的描述，既考查了阅读理解、快速提取关键信息的能力，又反映了孩子在生活中积累而形成的认知情况，这些认知能够决定大脑理解周围现实生活的能力。对于熟悉的信息可以快速调用，联系实际经验，对于不熟悉的信息或干扰信息，可以换一种方式理解或过滤。比如“京港澳高速宛平桥至六里桥主路内侧车道”，读完之后孩子是否马上就能解读为“有一段道路”，再比如孩子是否能理解进京、出

京是两个相反的方向，是否能理解方向与时间段的对应关系，并能在脑海中形成一种具象，是否能理解 24 小时制与 12 小时制的转换，是否能基于对这些概念以及生活常识的综合处理，做出最后的判断。

发现孩子出错时，父母不要让孩子立刻动手改错，甚至抄写错题，整理错题本，而是要试着分析题目背后的深层目的，然后用慢速拆解、逐步分析的示范动作自己做一次题目。

第一步，画 3 个圈，找出题目中的 3 个重点。

第二步，不看题目，以脱稿的方式，用自己的语言讲一次题目，让孩子听听看，你的讲解是不是表达了题目的意思。比如跟孩子这样说："这道题说的是，有一条道路上设置了公交专用车道，这条车道在早上 7 点到 9 点的进京方向和下午 5 点到 7 点的出京方向，只能让公交车通过。有一个人下午 6 点行驶在进京方向的公交车道上，算不算违章？"

第三步，只要能画图，都用图示来表示关系，进一步促进理解。这道题也可以画出图来，如图 18-7 所示。

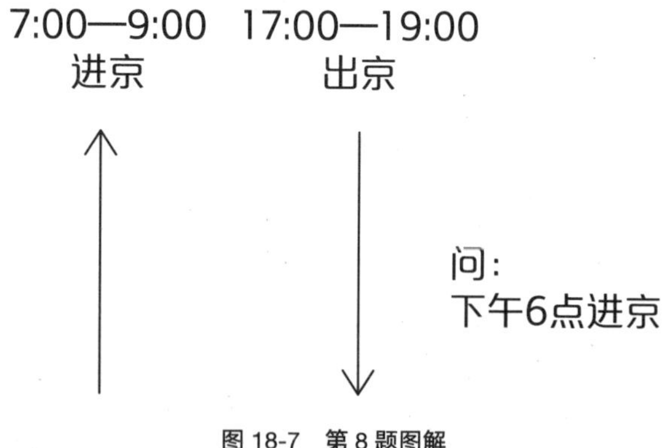

图 18-7　第 8 题图解

父母总是跟孩子强调“要细心、要认真、要仔细看题”，几乎每天写作业时都念叨几次。但这是非常空洞的说教，孩子听见了每一个字，却不明白具体应该怎么做，什么样的做法叫“仔细看题”，是一个字一个字地读吗？自己就是这样读题的啊，怎么还认为我不仔细呢？

孩子平时没有机会看到和练习梳理思路、培养思维的正确方法，只停留在列算式、求得数的阶段，大量机械化的重复让思维更加僵化，以至于形成了一种不过脑子、不仔细思考的自动驾驶模式，一看题，甚至都没等读完，就忙着摆数字、列算式，算出结果就算完成，接着进入下一题。即便进行检查，也只不过是把计算过程重复一次，不具备回到充分理解题意的初始阶段的能力，因而很多错误根本检查不出来。所以，很多错题不是孩子不认真、不检查的态度问题，而是影响思维根基的方法不正确。

父母自己做题，反复示范上面三步，能引发孩子的主动模仿。在平时的学习和作业中，每一道题都这样慢拆解，不减省、不跳跃，为孩子打好坚实的思维根基后，将会带来思维能力的质的飞跃。

家庭活动中“熟悉月历”“熟悉日历”“我的时间我做主”等，都培养了孩子对时间的一种实际感觉，让孩子自己体会到时间对自己的作用，他们也就能够轻松地理解这道题，并完整地解答出来了。

第 9、第 11 题

（9）6km50m ＝（　　）m　　　370mm ＝（　　）dm（　　）cm

（11）在（　　）里填上合适的长度单位。

一块橡皮长约 3（　　）；课桌的高度约 8（　　）；

学生卡的厚度约 1（　　）；高铁每小时行驶约 300（　　）。

背后的思维：对度量单位的认识、区分和换算

解读：

能够区分不同的度量单位，并掌握它们相互之间的换算并不是通过硬背或者刷题记下来的，有的父母还用类似于抽查英文单词的办法考核孩子换算的方法，比如：“1 米等于多少厘米，等于多少毫米，1 分米又等于多少厘米……”孩子逐一背出，父母说：“不行，不够熟悉，再练一遍！”

对测量单位的理解要结合操作，融入生活。知道 1 米大概有多长，什么东西的长度是 1 米左右；知道身高 1.6 米是什么样的形象，换成另外一种常用的单位，身高 160 厘米，也马上能有概念。孩子的脑海中要能联系起橡皮、课桌、学生卡、高铁的速度这些内容的样子、细节或感觉，能够关联起这些度量单位在大脑中的位置以及与不同的数量结合使用时的实际意义。这些都是通过亲自测量以及主动关注形成的认识，而不是脱离现实生活的记忆。

再看家庭活动中的“量一量，写一写”“这一天的数字”，就知道基本功的扎实要靠平常的积累。学习数学不用刷题，只要基本功到位，一切题目都是可以解答出来的。

第 10 题

（10）填上“ > ”“ < ”或者“ = ”。

49×4（　）200　　　　108×7（　）108×6

背后的思维：模糊判断，明白有时不必精确较真

解读：

理解精确量化和模糊判断的区别，理解“大约、左右、大概、估计”这些词汇的含义。

灵活理解乘法运算的变化，不必算出精确的结果，能够在一个模糊的范围内进行比较。

家庭活动中的“左，右，吃”“一二不离零”等活动，就是在帮孩子形成选择性思维。当孩子习惯了比较的方式，再加上对算牌符号的认识，就能轻松解答这道题了。

第 12 题

(12) 右图的信封里藏着我们学过的平面图形，只露出一小部分。它一定不是（　　　）。

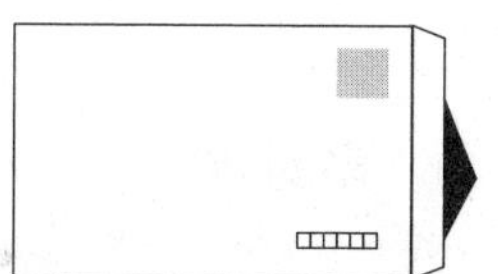

背后的思维：理解平面图形的本质概念，识别局部的标志性细节和特征

解读

迅速关联脑海中已有的平面图形以及概念。多边形有边和角的特征，而圆形没有角。这是本质的区别。

第 13 ~ 15 题

(13)
```
  4 3
×   2
─────
  8 6 ──→ 先算（    ）个（    ）是6
  └────→ 再算（    ）个（    ）是80
```

(14) 一本笔记本 7 元，一支钢笔 19 元，钢笔的单价大约是笔记本的（   ）倍。

(15) 根据商的位数，把算式分类填在相应的位置。

背后的思维：思维的次序，包括阅读次序、理解次序

解读：

次序是这 3 道题中体现出来的数学思维的核心，也来源于现实生活中的有序化意识。比如“生活中的长度”“1 分钟可以做到的事情”“日出日落的时间”等活动的记载，培养了孩子做事的次序感。再回到数学解题过程的思维操作上来，也就不难了。

先算 2 个 3 是 6，再算 2 个 40 是 80。不仅是次序，还有口头表达，能够说出来，也是家庭活动中形成的一个重要能力——表达能力。

倍数是一个数学概念，源自数量比较时的说法，如果“多一倍”“少一半”“是××的 3 倍”这样的说法成为孩子生活中的常用语，那这道题也就迎刃而解了。

商的位数取决于猜测，除法本身就是依靠猜测开始的计算过程。百位数不够，商就是两位数了，百位数够了，就是三位数了。

上面给出了 12 个思维的具体解读，以及在看到孩子的错题时，应从思维的角度采取怎样的弥补办法，这些办法都是可以脱离考卷在家庭中展开的。

家长们之所以能非常快速地使用这些思维，是因为这些思维已经在成年人的大脑中稳固地形成了，但是很多人没有意识到，自己的思维在这些最基础、最核心的方面，可能还存在很多瑕疵，甚至根基不稳。孩子正处于思维形成的阶段，仅仅依靠刷题是难以形成思维的，而更容易形成的是记忆力。孩子很容易通过多次重复来掌握相关知识，而这反而掩盖了他们对概念的不理解。

这本书中，家庭中的 53 个活动，每一个都是针对理解而展开的，依靠的就是周期性重复的活动，活动本身容易，过程变化多样，结果有输有赢，孩子喜欢玩，玩的过程中，形成了灵活的思维。这是父母抓住孩子在学龄前以及上小学的时机，重新训练自己的思维、影响孩子思维的最好机会。

第 16 题

（16）如果把小红的扑克牌给小亮 8 张，两人的牌就一样多了。原来小红比小亮多（　　）张牌。

背后的思维：数量变化之前、现在和之后的样子

解读：

解这道题，仍然要使用“三步法”。父母先行示范，尝试几次后，就能够明白这些做法对于让孩子充分理解题目，克服不过脑子、“自动驾驶”的状

态，以及深化思维的重要意义。

第一步，圈画 3 个重点，如图 18-8 所示。

（16）如果把小红的扑克牌给小亮 8 张，两人的牌就一样多了。原来小红比小亮多（　　）张牌。

图 18-8　第 16 题题解

第二步，用自己的话解释："小亮得到了小红的 8 张牌后，就和小红的数量一样多，原来小红比小亮多几张牌？"不看题目，用自己的话解释一次，不是逐字地记忆和背诵，而是边读题边理解，然后把已经装进大脑、留下了思维痕迹的这些内容再顺着痕迹梳理一次，即便题目很简单，用自己的话表述出来和原题的表述没有多大区别，也是深化思维的过程。

第三步：画图，如图 18-9 所示。

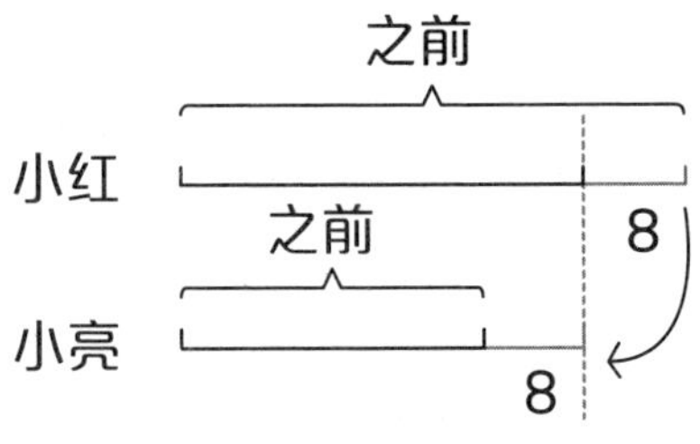

图 18-9　第 16 题图解

通过这道题，可以看到孩子拥有其他相关能力的重要性，不仅是数学能力，还包含对文字、图示的理解及表达的综合能力。这样的综合能力，同样是源于在家庭的丰富多样的活动中形成的灵活、扎实的思维基础。

第 17 题

（17）用围棋棋子摆右面的图形，照这样摆下去，第 6 个图形有（　　）枚棋子。

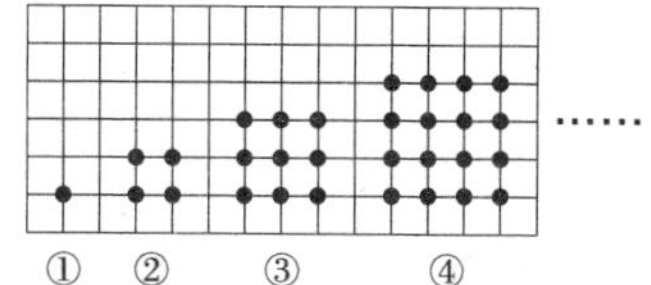

背后的思维：清点带来的规律——意识、习惯、方法

解读：

图形的摆法，可以耐心地逐一画出来，画的过程就是一种清点过程，能带动大脑去主动关注，视觉感觉会促进理解，然后发现规律、运用规律。从 1 ～ 4 图形的变化能看出棋子摆出的是正方形，可以推测出第 6 个图的正方形边长上有 6 粒棋子，从而算出总共有多少粒棋子。清点的习惯在数学学习中具有重要的意义，能够促进孩子的大脑对量化、量变、规律的认识。

第 18 题

（18）我们都知道每天（一昼夜）有 24 小时。其实，我国古代是用“时辰”来表示时间的，每天有 12 个时辰，具体划分如右表。一个时辰分为八刻，每刻等于现在的十五分钟。请你根据上面的资料想一想“卯时三刻”表示的时间是（　　），用 24 时记时法表示是（　　）。

时辰	时间	24时记时法	联系的属相
子	晚上11时至凌晨1时	23时至次日1时	鼠
丑	凌晨1时至凌晨3时	1时至3时	牛
寅	凌晨3时至早上5时	3时至5时	虎
卯	早上5时至早上7时	5时至7时	兔
辰	早上7时至早上9时	7时至9时	龙
……	……	……	……
亥	晚上9时至晚上11时	21时至23时	猪

背后的思维：同一种事物的不同表示方式

解读：

数学学科特别强调表示方式，这是在理解本质概念的基础上做出的灵活变化。同一种事物可以有不同的表示方式，知道了不同方式之间的对应关系，就可以自如地进行变换。比如表示时间，可以用12小时制、24小时制、时辰等，一整天就是一昼夜，也就是24小时。所有与时间有关的家庭活动，都是对这类题目最好的现实练习过程，不是靠刷题，而是通过活动，让孩子自己掌握必要的能力。

第19题

(19) $20\times6=$　　$63\div3=$　　$14\times3=$　　$3\times5+4=$

$800\div2=$　　$25\times4=$　　$84\div7=$　　$9\times7+3=$

背后的思维：口算能力——大脑对数字信息的处理、归类，以及对规律的运用

解读：

计算是解决实际问题时需要用到的一个环节。应该让孩子不断地解决生活中的问题，在日常生活中不断地让他们接触需要计算的内容，才能在具体场景下理解计算的实际意义。加法的本质、乘法的本质都不是刻意背诵口诀，而是在不断熟悉中，为了自己方便省事，自然而然地背下来，帮助熟练运用基础运算的窍门。比如“25×4”，不是直接背下这个算式的结果是100，以后遇到这个算式，就写100，而是自己真正计算过，把4个25加起来的过程。

“$3\times5+4$”以及“$9\times7+3$”这两道计算题考查了孩子的瞬时记忆力。解题过程中，需要先把第一步的计算结果暂时存在脑子里，以便进行下一步运算，也就是临时调用记忆资源为后续目的服务，服务完了，这块记忆也就清空了。这是一个机动、灵活地调用记忆的过程，而不是在学习过程中把所有的东西都用记忆的方式存在大脑里。色子游戏、算牌游戏玩得多了，这种题目在孩子看来都很简单。

第 20 题

（20）竖式计算。

$109\times7=$　　　　$836\div4=$　　　　$653\div5=$

验算：

背后的思维：计算过程的意义和目的，环节的变化

解读：

能够完整地写出竖式计算的过程，如图 18-10 所示。

```
   109          209           130
×   ₆7      4 ) 836       5 ) 653
   763          8             5
               36            15
               36            15
                0             3
```

$109\times7=763$　　$836\div4=209$　　$653\div5=130$余3

验算 $130\times5+3$

$=650+3$

图 18-10　第 20 题题解

“653 ÷ 5”这道题目要求验算，验算是逆向的过程，需要把步骤写完整。顺序中有来有回，有进有退，思维也是一样，能够灵活地来回，不同方向自如使用，也就培养了额外的能力。

第 21 题

（21）脱式计算。

736 － 136 ÷ 4　　240 × 3 ÷ 4 ＝　　8 ×（125 + 11）

背后的思维：记忆力的水平与运用，大脑灵活性的表现

解读：

脱式计算的要求是一步都不能跳跃，每一步计算的全部内容都要抄写下来，写出全部过程，如图 18-11 所示。

736-136 ÷ 4	240 × 3 ÷ 4	8 ×（125+11）
=736-34	=720 ÷ 4	=8 × 125+8 × 11
=702	=180	=1000+88
		=1088

图 18-11　第 21 题题解

第 22 题

（22）请你在方格纸中画一个长方形和一个正方形，使它们周长相等。

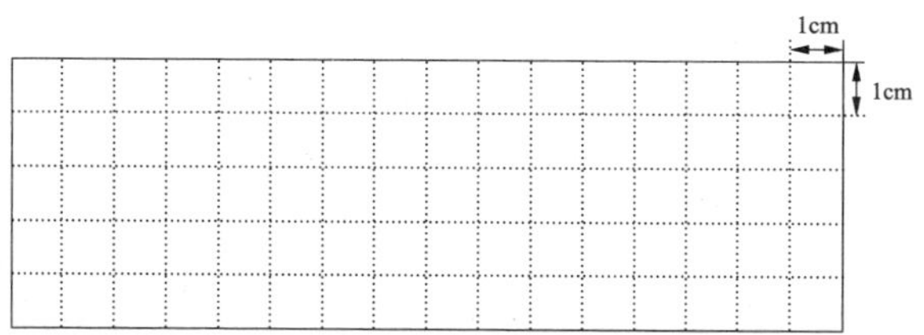

背后的思维：非指定性题目所体现的知识的灵活运用，以及思维的次序

解读：

真数学培养的是解决实际问题的思维和能力，需要敢于猜想、反复尝试、总结规律。一点一点地试，回顾做法，对比目的，就是一步一步展开思维的过程。

但孩子在学习数学的过程中，很容易变成大量依赖记忆力去背定义、记公式、套题型，那些都是别人的经验、别人的思路，如果不能结合自己的生活体验，形成自己的理解，对概念的掌握就是僵化的，对问题的解决就是机械的。于是在面对这种没有固定套路的非指定性题目时，不是没有思路，无从下手，就是想当然地生搬硬套。

解这道题，需要理解长方形与正方形的区别、周长的概念，并通过“猜想”“试探”的方法不断调整。此外这道题还涉及解题时思维的次序：正方形四条边等长，如果先画长方形，算出周长，这样的周长能否被 4 整除？动手画一下，再按步骤算算周长，就能发现规律了，如图 18-12 所示。

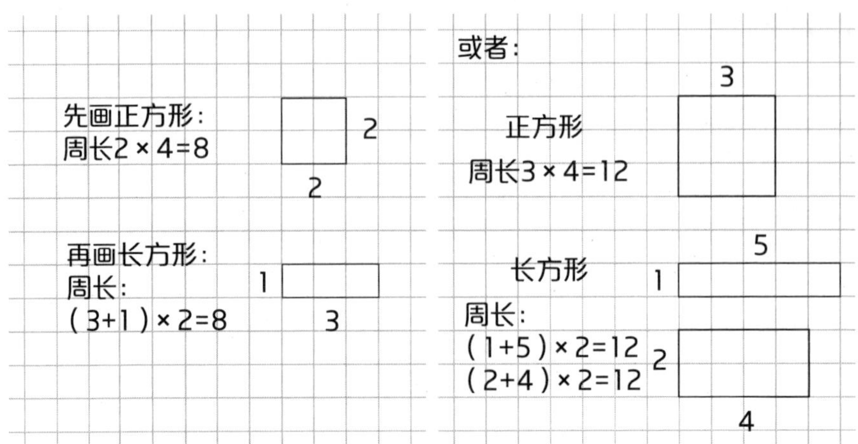

图 18-12　第 22 题题解

对于这道题，有一位妈妈在学习群的留言很有代表性：

孩子说完全不知道这道题应该怎么做，让我看看。我看了题目马上动手画起来，心里还想，方格都是现成的，沿着线描，这不是太简单了吗？我画完两个图形没再多想就递给了孩子，孩子盯着看了半天，表情有些疑惑。我问她："难道不对吗？咱们再检查一下。"于是我拿出纸、笔准备计算，然后马上意识到，自己真的做错了，如图 18-13 所示。可是怎么会出错呢？

题目的每一个字我都看了，但看了不等于看懂了，也不等于理解了，其实看题的时候我根本没有细想"周长相等"这四个字背后的要点和关系，就进入拿笔画图的过程，然后思维就开始跳跃了，画完了正方形，视觉上占了 4 个小方格，这时，"要相等"的字眼在脑海中飘过，思维马上就"快进"到画长方形，于是就画出了宽是 1 格、长占 4 格的长方形。最后还用肉眼对比了一下，这个占 4 格，那个也占 4 格，相等的，对，没错。周长到底是什么概念，完全被我忽视了。看题，做题，计算，完成，我还检查了呢！

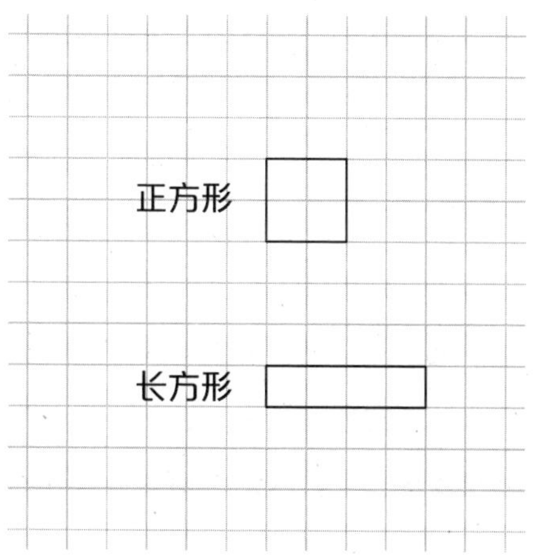

图 18-13　错误的画法

如果不是孩子迷惑地盯着看，我都不会意识到自己的思维方式原来还存在这样的问题。

这位妈妈出现的思维跳跃和瑕疵在我们身上普遍存在，只是很多父母没有意识到而已，这是学习过程中长期使用套路化的做法造成的。如果不调整做法，孩子的思维也会僵化。

第 23 题

（23）请你根据 18 × 4 + 18 编一个数学故事。

背后的思维：理解数学，并自如地讲出来的能力

解读：

看见这个算式，父母自己能讲出故事来吗？比如：老师问班上的同学，谁的套装彩色铅笔是 **18** 色的，有 **4** 个同学举手了，这时他们一共有“**18×4**”支

铅笔。后来又有一个同学举手说他才想起来，他的彩色铅笔也是18色的。那么他们一共有“$18 \times 4 + 18$”支彩色铅笔。

会计算、做题快，却不理解意思，无法用自己的语言讲解出来，是学生们普遍存在的问题，这反映出理解力的薄弱，以及学习与生活的脱节。考卷能够映射出孩子的能力，也能够启发父母在家庭中的做法。比如看到孩子的口算题时，父母可以讲一讲这个算式的现实解读，启发孩子也能讲出故事。或者做应用题时，把题目中的数量改变一下，跟孩子相互出题等。

小学数学有以下3个核心思维：

- **数量思维；**
- **数量变化思维；**
- **图形思维。**

期末试卷汇总的只是这个学期所学的内容，表面上，是考查学生是否掌握了这个学期所学的知识，但本质上，是考查学生能否灵活地运用知识来解决问题。掌握知识的更高层次是用知识来解决问题。试题不是课堂题目的翻版，而是更进一步的变化，融合了多种形式、数学思维、现实场景等，要求学生调动自己的所听、所看、所想，运用所想、已有的知识，以及已经具备的思维和能力去解决现实问题。从思维的角度理解试卷，才能够从中看到它给家庭带来的启发和指导。

第24题

(24) 体育组的王老师准备为学校添置5个足球，带400元够吗？

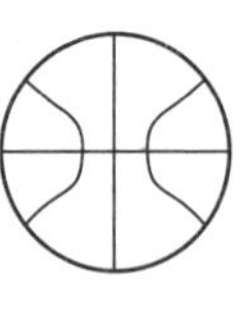

98元/个

78元/个

背后的思维：思维的次序，包括阅读次序、理解次序

解读：

首先要能从图中对应出哪个是足球，知道价格及单位的含义。然后仍然使用三步法，完整地写出过程，最后作答，如图 18-14 所示。好多孩子计算完就完了，没有作答，这也是思维的跳跃。题目是要判断带的钱数够不够用，计算过程是为解决问题服务的。

78元/个 × 5个 = 395（元）
所以带400元够用。

图 18-14　第 24 题题解

第 25 题

（25）根据下图，先提一个用两步解答的问题，再解答。

问题：________________________________？

背后的思维：看图说话、提出问题的能力，包含数量、关系、变化

解读：

在小学一至三年级的数学教学中，非常强调“提出一个数学问题”，目的是促进学生自发思考、结合自己、联系实际。数学练习是灵活动脑的过程，不是把教材和练习册的习题做完、做熟的过程。自己提出问题，首先要能看懂图片中的信息，包括数量、关系、变化，然后能够灵活地衍生出各种问题，提问是对已有信息的进一步理解，如图 18-15 所示。

问题：踢5分钟后，谁踢得多？多了多少？

答：①小玲：20个/分钟 × 5分钟 = 100个
小芳：75个/ 3分钟 = 25个 / 分钟
25个/分钟 × 5分钟 = 125个

②125 - 100 = 25个

所以5分钟后，小芳比小玲踢得多，
多了25个。

图 18-15 第 25 题题解

第 26 题

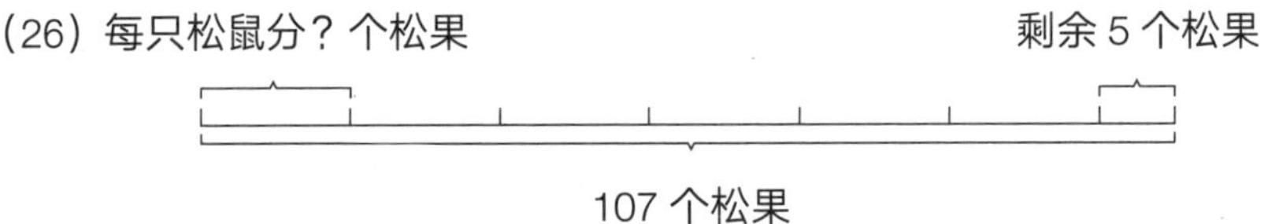

背后的思维：对图形中数量含义的理解，透彻理解除法——平均分配的方式

解读：

要想解出这道题，孩子需要理解图形中相等线段的平分含义，线段的数量与松鼠数量的关系，以及剩余 5 个松果与松果总数的关系，如图 18-16 所示。

107个 - 5个 = 102个

平均分给6个松鼠：102个 ÷ 6只 = 17个/只

每只松鼠能分17个松果。

图 18-16　第 26 题题解

第 27 题

（27）家住上海的强强计划在寒假来北京看望奶奶，他从网上查到如下信息：

G126 高铁 高铁 上海虹桥到北京南	始发车站：上海虹桥 发车时间：11:05 全程：1318 千米	终点车站：北京南 到达时间：17:05（当日）

请你帮忙算一算，G126 次列车平均每小时大约行驶多少千米？

背后的思维：

- 接收信息的能力——从规范信息的形式中寻找有效信息；
- 时间概念、距离概念、速度概念的融合；
- 算式的表达方式——标准，规范。

解读：

这道题目不仅涉及数学问题，还考查了理解能力、常识、对现实信息的熟悉程度和捕捉能力，考查孩子是否能从高度概括、抽象的大量规范信息中，构建生活场景，解读词汇的含义，找到数量的关系。

题目中出现了这些信息：始发车站、终点车站、发车时间、到达时间、全程、当日。其中当日还可以延伸为次日、隔日，孩子是否理解这些信息的区别，以及到达时间处注明“当日”的作用，即不知道是哪一天发的，不体现具体日期，但是表明发车和到达是在同一天。这些信息的本质是对时间、距离、速度的概念的理解。

此题 70% 是考查理解能力，20% 是考查信息归纳能力，10% 是考查列式、计算能力。如果以往太多的概念孩子都是依靠记忆学习的，没有理解透彻，每一个环节都缺损一点，那么日久天长，核心能力的差距就很大了。这些做法只能从家庭中弥补，在生活中丰富。

此题仍然可以使用三步法训练孩子的思维能力。

第一步：画 3 个圈，关注关键信息，如图 18-17 所示。

(27) 家住上海的强强计划在寒假来北京看望奶奶，他从网上查到如下信息：

G126 高铁 高铁 上海虹桥到北京南	始发车站：上海虹桥　　终点车站：北京南 发车时间：11:05　　到达时间：17:05（当日） 全程：1318 千米

请你帮忙算一算，G126 次列车平均每小时大约行驶多少千米？

图 18-17　第 27 题题解

第二步：不看题目，用自己的语言讲解出来。比如：“坐高铁从一个地方到达另一个地方，出发和到达的时间都知道了，全程的距离也知道了，那么这趟高铁的速度是多少呢？”

至此，如果孩子已经完全理解了题意，可以不画出图来，但列式要书写完整，把相关信息一步一步地写下来，如图 18-18 所示。整理自己的思路，并通过完整的话解释或书写出来，这种方式是对自己思路的反馈和确认，用这样的方法，自然而然就能放慢速度，避免思维跳跃，从而找到问题的答案。

发车：11:05　　到达：17:05

用时：6小时　　全程：1318千米

每小时行驶：1318千米÷6小时

≈219.67千米/小时

图 18-18　第 27 题列出相关信息

第 28 题

（28）我们在一年级初步认识了平面图形，三年级又再次研究了长方形、正方形的特征，请你借助研究长方形特征的经验想一想：平行四边形有哪些特征呢？

①你想从哪些方面研究平行四边形的特征？

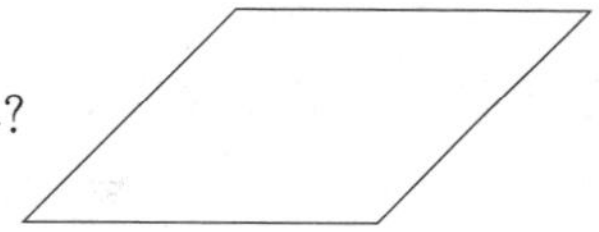

②经过研究，我发现平行四边形的特征有：

背后的思维：熟悉图形，掌握规律；运用规律，形成认识

解读：

这道题体现了透彻理解已有的知识，运用学习已有知识时的方法，用来学习新知识的能力。这是对学习方法、学习过程的理解，也是学习能力的重要体现。

孩子是否能用自己的话来回顾老师讲授正方形、长方形时是从哪些方面入手的，如何一步一步认识一个几何图形的？正方形、长方形的核心特征是什么？就好比跟孩子讨论怎么开始研究一个水果，是不是从它的外形、颜色、切开的样子、有没有核，以及果肉的状态和口味来研究？是不是还能继续研究它被采摘之前是什么样子的，是爬藤的、挂在树上的，还是结在地上的？什么季节有这种水果？那么借鉴学习正方形和长方形的过程，就可以学习平行四边形：这些图形都关注边和角的关系，有几条边，是否相等，邻角的关系。再对应图形的样子，归纳出特点：平行四边形有四条边、四个角，对边是平行的，邻角互补。这是举一反三的学习过程。

很多父母生怕孩子因为“学得少”而在考试中遇到不会的题目，于是进行各种补课和超前学习，让孩子把见过的题型都做了，相关的知识点都提前学了，以为这样就扫清了学习的障碍，等再遇到时，这就不再是一个新问题，孩子就都能迎刃而解了。但这不是学习，是填鸭。这不是培养学习能力，是通过鼻饲管灌食，只能训练被动接受和机械重复的能力。于是孩子们的普遍表现就是，只要书本上没见过的，课堂上没教过的，就直接说：“还没学过，我不会！”或者说：“老师不是这么教的，书上的例题不是这么写的。”久而久之，孩子便觉得自己有理由不动脑子、不研究。这种习惯性的反应模式最终会贻害思维，削弱能力。

一份试卷，如果能花一个月的时间用这样的方式走一遍，把其中的数据、场景、故事换一个形式再做一遍，充分消化，就相当于把一个学期所学的内容完整、深入地复习了一遍，让知识转变为孩子大脑里的能力，而且这种能力随时可以召唤出来被孩子灵活使用，其价值要远远超过走马观花式地刷完好多份习题。这才是深入地挖掘了试卷的价值，才是从理解数学原理的层面学习数学，孩子学到的才是“真数学”。

以上就是一份完整的小学三年级期末考试的数学试卷，这套数学试卷中考查了26种思维能力，有认知能力，有理解能力，有阅读能力，还有思维的次序、基本功的扎实程度等。每一种能力，都可以源自家庭中的各种活动。

1. 计算的灵活性。
2. 认识角度，视觉比较。
3. 画图清点，过程扎实。
4. 三角形的构成。
5. 对图形周长的认识。
6. 灵活替换思维。
7. 思维的次序，包括阅读次序、理解次序。
8. 阅读理解能力，包括常识、见识、想象力、对时间的认识，以及在生活中的用途。
9. 对度量单位的认识、区分和换算。
10. 模糊判断，明白有时不必精确较真。
11. 理解平面图形的本质概念，识别局部的标志性细节和特征。
12. 数量变化之前、现在和之后的样子。
13. 清点带来的规律——意识、习惯、方法。
14. 同一种事物的不同表示方式。
15. 口算能力——大脑对数字信息的处理、归类，以及对规律的运用。
16. 计算过程的意义和目的，环节的变化。
17. 记忆力的水平与运用，大脑灵活性的表现。
18. 非指定性题目所体现的知识的灵活运用，以及思维的次序。
19. 理解数学，并自如地讲出来的能力。
20. 看图说话、提出问题的能力，包含数量、关系、变化。
21. 对图形中数量含义的理解，透彻理解除法——平均分配的方式。
22. 接收信息的能力——从规范信息的形式中寻找有效信息。
23. 时间概念、距离概念、速度概念的融合。
24. 算式的表达方式——标准，规范。

25．熟悉图形，掌握规律。

26．运用规律，形成认识。

考试，是我们每一个人从上小学开始直至工作之后都需要面对的一种评估和反馈模式。大家是否回想过在成长过程中，父母看到自己的试卷时是如何说、如何做的？自己又是如何看待自己的试卷的？现在自己当了父母，又如何看待孩子的试卷呢？

时光已经走过了两代人，但现在绝大多数父母第一眼看到孩子试卷后的响应方式，跟上一代比没有什么变化，甚至还退步了。上一辈没有更好的条件教育孩子，有时候顾不上管那么细；现在的父母在子女教育上投入的时间和精力，要远远超过上一辈，但很多时候他们的做法却并不得当，把家庭教育的重心放在了督导作业、应对考试、紧盯成绩上了。收到孩子的试卷，关注的顺序往往是：首先问分数，其次翻看试卷扫描错题。在态度上，不是责问、批评、失望、气愤，就是过于高兴，再不然就是强忍着情绪，马上开始给孩子讲解错题的做法，列算式，求结果。父母所有的行为对孩子来说都是示范，这样的响应方式只会教给孩子情绪化的反应方式，还会让他们认为学习的目的就是关注答题结果和考试分数。

父母如果只关注分数和错题，那就意味着没有理解试卷在整个教育过程中的真正意义。考试是一种检测手段，目的是检测学生对一样特定技能的掌握情况，同时又反映出孩子大脑的思维能力。而掌握的技能，并不是指书本上、字典里的知识。父母能否跳出分数和错题的表象，看到试卷背后所体现的核心思维能力呢？能否通过研究孩子已经做对的大部分试题，找到孩子能力的真实状态和思维长项呢？或者能否针对试卷上的错题，不讨论孩子究竟是粗心大意还是忘了公式，而去发现孩子的思维习惯和思维瑕疵？孩子暂时没有能力看到这些方面，家长应该比孩子更有能力站得高一点，看得深入一点，从思维的角度发掘试卷的价值，并在生活中对孩子进行有针对性的训练。

通过这份小学三年级期末数学试卷，我们应该可以看到来自课堂的学习模式以及源自家庭的学习模式所体现出来的不同：灵活思考的方式不同，思维要求的能力不同，解决问题的路径也不同。只有源自家庭活动的思维能力、思考能力，以及大脑的发育，才能让孩子掌握“真数学”。

重在落实，贵在坚持

本书一共16章，按四季的顺序分为4个部分，涵盖53个家庭活动。每一个活动都不是教学任务，而是现实中的生活活动；不需要特意去做、特意去教，而要靠妈妈亲力亲为、身体力行；并非带着明确教育目的的刻意布局，而是用顺其自然的方式引入的；不强求孩子参与，重在妈妈自己落实，自己去做。当孩子耳濡目染后，开始有了参与的表现，并在参与的过程中有积极、专注的行为，那才是儿童教育的科学形式。

家庭教育不同于学校教育。学校教育有明确的目的，要培育对社会有用的人，把人当作资源，当作社会发展的工具。家庭教育的目的不同，家庭教育是为了培育一个健全的人，一个有自己的意识、有自己生命特色的成熟个体，这个人能够为自己所用，为自己的兴趣而延续生命。

万物生长都是在四季轮回中发生的，孩子大脑的成长也是如此。学校教育培养的是学科考试能力以及知识记忆能力，而家庭培育孩子大脑的核心是灵活、多样，关键在于扎实的基础，以及多方面的协调能力。本书最大的特色就是，它不是教材，而是家庭培育的工具，是孩子思维成长的养料，是阳光、土壤、雨露。

如果你是全职妈妈，那么要想落实书中的活动，应该有充足的时间；如果你是职场妈妈，那么就要面临更多的挑战。你的时间管理能力、协调孩子时间的能力，还有你的心态、心理健康水平，以及你所处的生命周期的特点等，都会影响家庭教育的落实程度、落实水平。

最后再次强调，重要的是落实，重要的是读者之间的交流。大家可以互相交流，参考彼此的做法，这样的讨论会让每一位读者获益。尤其是当你想要长期落实的时候，群体的力量就尤为重要。搜索作者孙路弘，添加微信号，就有机会认识不同的读者，通过与不同读者的交流，来启发自己、坚定信念，学到更多新颖的方法。

未来，属于终身学习者

我这辈子遇到的聪明人（来自各行各业的聪明人）没有不每天阅读的——没有，一个都没有。巴菲特读书之多，我读书之多，可能会让你感到吃惊。孩子们都笑话我。他们觉得我是一本长了两条腿的书。

——查理·芒格

互联网改变了信息连接的方式；指数型技术在迅速颠覆着现有的商业世界；人工智能已经开始抢占人类的工作岗位……

未来，到底需要什么样的人才？

改变命运唯一的策略是你要变成终身学习者。未来世界将不再需要单一的技能型人才，而是需要具备完善的知识结构、极强逻辑思考力和高感知力的复合型人才。优秀的人往往通过阅读建立足够强大的抽象思维能力，获得异于众人的思考和整合能力。未来，将属于终身学习者！而阅读必定和终身学习形影不离。

很多人读书，追求的是干货，寻求的是立刻行之有效的解决方案。其实这是一种留在舒适区的阅读方法。在这个充满不确定性的年代，答案不会简单地出现在书里，因为生活根本就没有标准确切的答案，你也不能期望过去的经验能解决未来的问题。

而真正的阅读，应该在书中与智者同行思考，借他们的视角看到世界的多元性，提出比答案更重要的好问题，在不确定的时代中领先起跑。

湛庐阅读 App：与最聪明的人共同进化

有人常常把成本支出的焦点放在书价上，把读完一本书当作阅读的终结。其实不然。

时间是读者付出的最大阅读成本

怎么读是读者面临的最大阅读障碍

“读书破万卷”不仅仅在“万”，更重要的是在“破”！

现在，我们构建了全新的“湛庐阅读”App。它将成为你“破万卷”的新居所。在这里：

- 不用考虑读什么，你可以便捷找到纸书、电子书、有声书和各种声音产品；
- 你可以学会怎么读，你将发现集泛读、通读、精读于一体的阅读解决方案；
- 你会与作者、译者、专家、推荐人和阅读教练相遇，他们是优质思想的发源地；
- 你会与优秀的读者和终身学习者为伍，他们对阅读和学习有着持久的热情和源源不绝的内驱力。

下载湛庐阅读 App，
坚持亲自阅读，
有声书、电子书、阅读服务，
一站获得。

CHEERS

本书阅读资料包

给你便捷、高效、全面的阅读体验

本书参考资料

湛庐独家策划

- **参考文献**
  为了环保、节约纸张，部分图书的参考文献以电子版方式提供
- **主题书单**
  编辑精心推荐的延伸阅读书单，助你开启主题式阅读
- **图片资料**
  提供部分图片的高清彩色原版大图，方便保存和分享

相关阅读服务

终身学习者必备

- **电子书**
  便捷、高效，方便检索，易于携带，随时更新
- **有声书**
  保护视力，随时随地，有温度、有情感地听本书
- **精读班**
  2~4周，最懂这本书的人带你读完、读懂、读透这本好书
- **课　程**
  课程权威专家给你开书单，带你快速浏览一个领域的知识概貌
- **讲　书**
  30分钟，大咖给你讲本书，让你挑书不费劲

湛庐编辑为你独家呈现
助你更好获得书里和书外的思想和智慧，请扫码查收！

（阅读资料包的内容因书而异，最终以湛庐阅读App页面为准）

倡导亲自阅读

不逐高效，提倡大家亲自阅读，通过独立思考领悟一本书的妙趣，把思想变为己有。

阅读体验一站满足

不只是提供纸质书、电子书、有声书，更为读者打造了满足泛读、通读、精读需求的全方位阅读服务产品——讲书、课程、精读班等。

以阅读之名汇聪明人之力

第一类是作者，他们是思想的发源地；第二类是译者、专家、推荐人和教练，他们是思想的代言人和诠释者；第三类是读者和学习者，他们对阅读和学习有着持久的热情和源源不绝的内驱力。

CHEERS

以一本书为核心

遇见书里书外，更大的世界

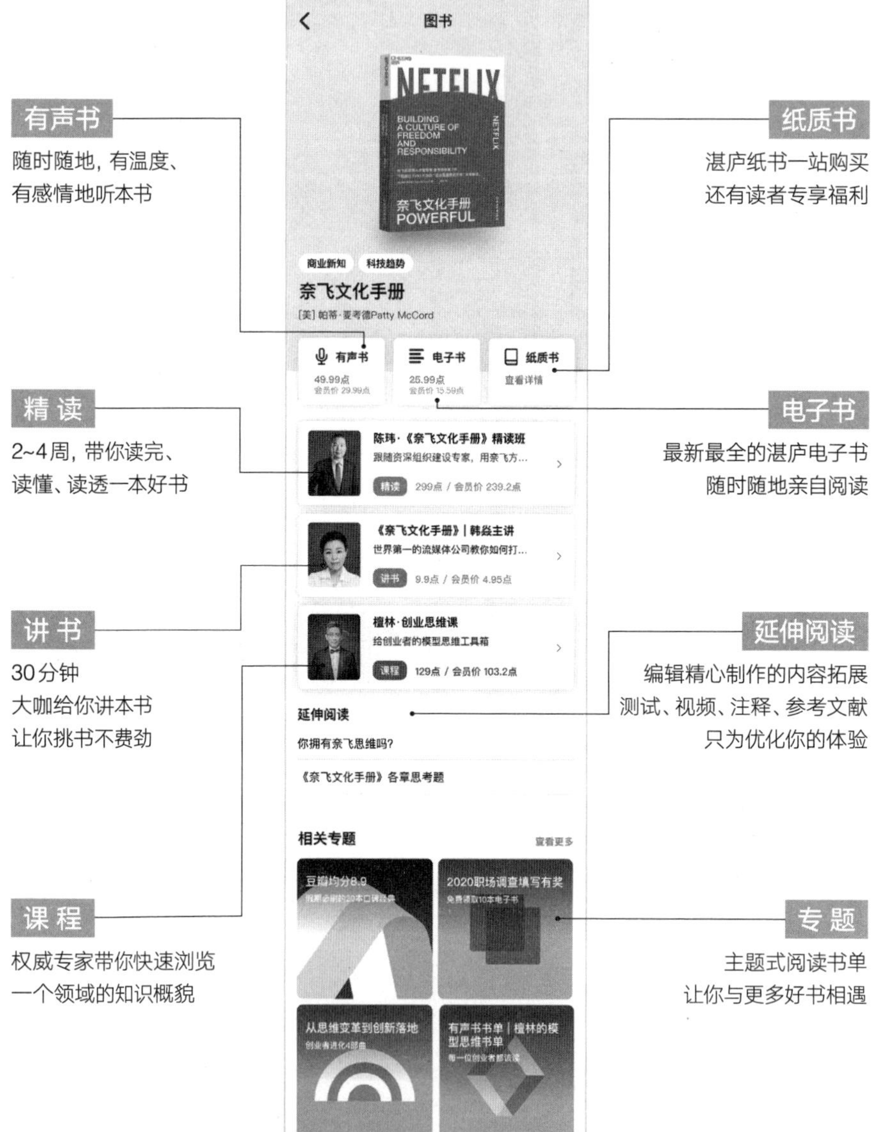

图书在版编目（CIP）数据

好妈妈这样教数学 / 孙路弘著 . — 杭州：浙江教育出版社，2020.7（2024.5重印）

ISBN 978-7-5722-0367-1

Ⅰ . ①好… Ⅱ . ①孙… Ⅲ . ①数学课—学前教育—教学参考资料 Ⅳ . ① G613.4

中国版本图书馆 CIP 数据核字（2020）第 100778 号

上架指导：数学思维 / 家庭教育

好妈妈这样教数学

HAO MAMA ZHEYANG JIAO SHUXUE

孙路弘　著

责任编辑： 李　剑

美术编辑： 韩　波

封面设计： 湛庐文化

责任校对： 刘晋苏

责任印务： 曹雨辰

出版发行： 浙江教育出版社（杭州市天目山路 40 号）

印　　刷： 天津中印联印务有限公司

开　　本：	710mm × 965mm　1/16	**插　　页：**	3
印　　张：	19.25	**字　　数：**	290 千字
版　　次：	2020 年 7 月第 1 版	**印　　次：**	2024 年 5 月第 5 次印刷
书　　号：	ISBN 978-7-5722-0367-1	**定　　价：**	79.90 元

如发现印装质量问题，影响阅读，请致电 010-56676359 联系调换。

活动与思维解析对照表

游戏编码	游戏名称	重要性等级	适用年龄	大脑思维索引	数学知识点索引
1-1-01	【变换外衣的瓢虫】	★★★	1～8岁	量化的视觉与触觉感受	数字发音与视觉量化，数量的多少变化。小学一年级数学教学大纲内容
1-1-02	【家庭钟表活动】	★★★★★	2～9岁	图形与数的次序的认知	表盘的认识，时间标志。小学一、二年级数学教学大纲内容
1-1-03	【我的生活我安排】	★★★	3～12岁	自控感受，以及对时间的感觉	时间对应现实生活的意义，以及具体含义。小学一、二、三年级数学教学大纲内容
1-2-04	【走路长个儿】	★★★	3～9岁	数量感受，数字次序的感觉	数字次序，数量变化的表现方式。小学一年级数学教学大纲内容
1-2-05	【往返100】	★★★	4～10岁	两个方向的认识，增量、减量的感觉	加减法的核心原理，增加、减少的直接感觉。小学一、二年级数学教学大纲内容
1-2-06	【形状涂色】	★★★	1～8岁	数字的识别，颜色激活多个大脑功能区	简单的数字识别以及一位数带来的变化。小学一年级数学教学大纲内容
1-3-07	【我的数字】	★★★	1～12岁	数字的现实生活含义，以及实际用途	应用题核心基础，数字、数量与现实生活的关系。小学一、二、三年级数学教学大纲内容
1-3-08	【日历的旅程】	★★★★	2～12岁	数学、数字与具体生活的关系，以及其作用	温度、方向、天气中变化的部分，都是小学一、二、三年级应用题出题范围。
1-3-09	【计算涂色】	★★★★	2～8岁	数量变化以及数字表现形式的认识	一位数到两位数之间的运算（不是刷题的活动）。小学一年级数学教学大纲内容
1-4-10	【手指猜猜看】	★★★	2～9岁	有限范围内数量分布的感觉，规律的认识	奇偶数规律的认识。小学二、三年级数学教学大纲内容
1-4-11	【手指乘法】	★★★	5～12岁	乘法的直接感受，触觉触发的数感	方式灵活的乘法认识。小学二、三年级数学教学大纲内容
1-4-12	【猜秘密数】	★★★	3～10岁	数对应的变化及其背后的规律	数量变化的规律。小学一、二、三年级数学教学大纲内容
2-5-13	【手感和温度】	★★★★★	3～12岁	温度的数量表达方式，数感结合生活	数量变化的应用题核心。小学一、二、三、四、五年级数学大纲内容
2-5-14	【天气小记】	★★★★	2～12岁	温度的感受与数字表达的认识	温度变化与天气。小学二、三年级科学教学大纲内容
2-5-15	【情绪温度计】	★★★	2～15岁	心情与数量之间的关系，量化的感受	自我认识，心情与情绪，数字意义。小学二、三、四年级语文、数学教学大纲内容
2-5-16	【痛感指示器】	★★	2～15岁	数字的实际作用与认识	数字意义，应用题核心理解。小学一、二、三年级数学教学大纲内容
2-6-17	【晾衣架天平】	★★★	2～9岁	重量感受，感受平衡，量化的认识	重量的认识与数字单位。小学二、三年级数学教学大纲内容
2-6-18	【天平称重】	★★★	2～15岁	重量的手感，大脑中的认识	重量以及对应的单位。小学二、三、四年级数学教学大纲内容
2-6-19	【体重变变变】	★★★★★	2～15岁	重量的自我感受，重量的范围，以及变化	重量以及对应的单位。小学二、三、四年级数学教学大纲内容
2-7-20	【测量身高】	★★★	2～15岁	长度的量化感受，认识尺子	度量，以及单位的认识。小学一、二、三年级数学教学大纲内容
2-7-21	【身边的高度】	★★★★	2～12岁	长度范围的扩展，更多的实际认识	度量，以及单位的认识。小学一、二、三年级数学教学大纲内容
2-7-22	【影子变变变】	★★★★	2～15岁	长度以及影子的变化规律	事物角度变化后的测量。小学二、三、四年级数学教学大纲内容
2-8-23	【心跳看得见】	★★★★★	2～15岁	视觉与触觉的结合认识，清点的运用	人体的认识。小学三、四、五年级科学教学大纲内容
2-8-24	【水的变化】	★★★★	2～15岁	量化指标结合科学实验，对水的了解	生活中的物理常识。小学三、四、五年级科学教学大纲内容
3-9-25	【乐高对称拼】	★★★★	2～10岁	美感的形成基础，对称的认识	几何图形的属性之一。小学三、四、五年级数学教学大纲内容
3-9-26	【对称连线】	★★★	2～10岁	对称的实际感觉，手部的精细操作感	几何图形的属性之一。小学三、四、五年级数学教学大纲内容
3-10-27	【色子，画出来的神奇】	★★★	2～10岁	随意匹配形成的图形意义	随机感受，概率的基础感觉。小学四、五、六年级数学教学大纲内容
3-10-28	【左，右，吃】	★★★	2～15岁	决策的感受，自我决定的过程	决策的随机性，概率体验。小学四、五、六年级数学教学大纲内容
3-10-29	【一二不离零】	★★★	2～9岁	灵活快速的反应，自我决定，以及数量大小的比较	数的比较，大小的表示方式。小学一、二年级数学教学大纲内容
3-11-30	【十全十美】	★★★	2～10岁	凑十的感觉，位数变化，快速反应	一位数到两位数的变化。小学一、二年级数学教学大纲内容
3-11-31	【合成数】	★★★	2～10岁	灵活的加法，数的构成，数量的变化	加法的灵活性以及加法属性。小学一、二年级数学教学大纲内容
3-11-32	【得分我最大】	★★★	3～14岁	大小比较，快速加法	数字变化的灵活性，运算效率。小学一、二年级数学教学大纲内容
3-12-33	【量一量，写一写】	★★★	1～10岁	尺子的认识和使用，对长度的感觉	几何图形初步认识。小学一、二年级数学教学大纲内容
3-12-34	【先预估，再测量】	★★★	2～12岁	智力判断的培育，测量验证的意思	测量，估算。小学一、二、三年级数学教学大纲内容
3-12-35	【分享生活中的长度】	★★★	2～15岁	认识边长，认识长和宽，形成长度概念	测量，估算。小学一、二、三年级数学教学大纲内容
3-12-36	【我的项链有多长】	★★★	2～15岁	长度与现实生活的结合，实用性	测量，估算。小学一、二、三年级数学教学大纲内容
4-13-37	【跑到中午】	★★★	2～10岁	认识表盘，一天之内不同时间的特性	时间知识。小学一、二、三、四年级数学教学大纲内容
4-13-38	【1分钟可以做到的事情】	★★★	2～10岁	时间的感受，长短的感觉	时间知识。小学一、二、三、四年级数学教学大纲内容
4-13-39	【影子与时间】	★★★★	2～15岁	时间带来的变化，日照与投影的认识	时间知识。小学一、二、三、四年级数学教学大纲，以及科学教学大纲内容
4-13-40	【温度与时间】	★★★★	2～15岁	统计方式，表格记录的方式	统计知识。小学一、二、三、四年级数学教学大纲，以及科学教学大纲内容
4-13-41	【日出日落时间】	★★★★	2～15岁	详细记载的习惯，认识规律的方式	统计知识。小学一、二、三、四年级数学教学大纲，以及科学教学大纲内容
4-13-42	【植物的生长】	★★★	2～15岁	详细记载的习惯，认识规律的方式	常识。小学一、二、三、四年级数学教学大纲，以及科学教学大纲内容
4-13-43	【时间里的自我行为】	★★★	2～15岁	活动时间的自我安排，初期的自我管理	成长内容。小学一、二、三年级数学教学大纲，以及语文教学大纲内容
4-14-44	【熟悉月历】	★★★	2～15岁	一个月的日期，天数变化规律	日期的认识，时间变化的常识。小学三、四、五年级数学教学大纲内容
4-14-45	【熟悉日历】	★★★★★	2～15岁	日期的用途，日子的定位，生活意义	日期的认识，时间变化的常识。小学三、四、五年级数学教学大纲内容
4-14-46	【这一天的数字】	★★★	2～15岁	对数字的现实理解，联系数量的理解	真正的数字感觉，数量变化。小学一、二年级数学教学大纲内容
4-15-47	【开始结束我知道】	★★★	2～15岁	事情的用时，事情的过程、环节的感受	记录习惯。小学一、二、三年级数学教学大纲，以及语文教学大纲内容
4-15-48	【我今天的安排】	★★★	2～15岁	熟悉事情的规划，养成先想、再规划、再落实的行为习惯	记录习惯。小学一、二、三年级数学教学大纲，以及语文教学大纲内容
4-15-49	【我的时间我做主】	★★★	2～15岁	培育自我认知，通过自己的行为、时间的记录认识自己	记录习惯。小学一、二、三年级数学教学大纲，以及语文教学大纲内容
4-16-50	【成长时间轴】	★★★	2～15岁	认识自我，感受成长的规律	观察，描述，环节以及过程。小学三、四、五、六年级语文教学大纲，以及数学教学大纲内容
4-16-51	【成长线索流程图】	★★★★	2～15岁	认识自我，感受成长的规律	观察，描述，环节以及过程。小学三、四、五、六年级语文教学大纲，以及数学教学大纲内容
4-16-52	【动物小档案】	★★★	2～15岁	科学意识，科学方法，观察能力	观察能力，分类，记录，表格。小学一、二、三年级数学教学大纲，以及语文教学大纲内容
4-16-53	【人物小档案】	★★★★★	2～15岁	心理建设，精神建设，从细节开始形成认识	与数量结合的描述，运用数字，运用词汇。小学一、二、三年级数学教学大纲，以及语文教学大纲内容